BIBLIOTECA DE **IDEAS**
de Especialidades Juveniles

actividades fantásticas

para refrescar tu ministerio

BIBLIOTECA DE IDEAS
de Especialidades Juveniles

actividades fantásticas
para refrescar tu ministerio

La misión de Editorial Vida es ser la compañía líder en satisfacer las necesidades de las personas, con recursos cuyo contenido glorifique al Señor Jesucristo y promueva principios bíblicos.

Biblioteca de Ideas: Actividades Fantasticas
Edición en español publicada por
Editorial Vida – 2015
Miami, Florida

© 2015 por Especialidades Juveniles

Originally published in the USA under the title:
Holiday Ideas
Copyright © 1997 by Youth Specialties
Published by permission of Zondervan, Grand Rapids, Michigan

Traducción: Virginia Altare
Edición: *Madeline Diaz*
Diseño interior: *Juan Shimabukuro Design*
Diseño de imagenes: *Freepik.com, Vector open stock, Vectorcaracters.net*

ISBN: 978-0-8297-4064-6

CATEGORIA: Ministerio cristiano/Juventud

IMPRESO EN ESTADOS UNIDOS DE AMÉRICA
PRINTED IN THE UNITED STATES OF AMERICA

15 16 17 18 RRD 6 5 4 3 2 1

CONTENIDO

OTROS DÍAS FESTIVOS

LISTADO ALFABÉTICO

Motiva el corazón de tus jóvenes con estas fantásticas ideas pensadas en especial para los días previos y posteriores al Año Nuevo.

IDEA PARA UNA FIESTA

Año Nuevo

Esta idea le brinda a los festejos de Año Nuevo o a una fiesta de cumpleaños un hermoso toque festivo (siempre y cuando puedas limpiar el piso con facilidad). Llena globos medianos de látex con un puñado de confites. Infla los globos, átalos y luego cuélgalos del techo. Cuando el reloj anuncie la media noche, pincha los globos con alfileres o lápices con una punta bien fina, y los confites volarán por todas partes.

Para un verdadero festejo (y un verdadero lío cuando caigan sobre el cabello) agrégale brillo a los globos.

—MICHAEL CAPPS

COLLAGE

El año en un cartel retrovisor

Esta es una forma simple, pero efectiva, de generar unidad en el grupo y crear algunos recuerdos perdurables. Toma un pliego largo de papel (papel de envolver o papel de diario) y cuélgalo sobre una pared lisa. Pinta líneas verticales gruesas para dividir el cartel en doce secciones iguales y etiqueta cada sección con los nombres de los meses en orden. Luego deja que los chicos decoren el cartel al estilo de un collage a fin de mostrar qué hicieron como grupo en cada mes del año. Utilicen crayones y marcadores. Peguen fotografías de actividades del grupo, copias del periódico de los jóvenes, afiches de películas, folletos, resúmenes de lecciones, cartas, diagramas, material de publicidad, talones de pasajes y cualquier otra cosa que pueda simbolizar o recordarles lo que hicieron.

Esta actividad es especialmente indicada para vigilias o retiros de Año Nuevo. Solo haz que los chicos traigan todas las cosas relacionadas con el grupo que han guardado durante los doce meses anteriores y agrega a su colección todo lo que tú hayas conservado. ¡También es una buena forma de limpiar tu escritorio!

—RANDY D. NICHOLS

FIESTA

Víspera de la víspera de Año Nuevo

Dado que las vísperas de Año Nuevo son cada vez más peligrosas, ¿por qué no realizar un festejo la víspera de la víspera de Año Nuevo? Los chicos pueden tener toda la diversión relacionada con la fecha y luego quedarse a salvo en casa durante la víspera real del Año Nuevo.

—DALLAS ELDER

DISPARADOR

Objetivos para el Año Nuevo

En primer lugar, conversen acerca del significado de los «Objetivos de Año Nuevo». Pídele a los chicos que compartan algunas cosas que se han propuesto en el pasado y lo que sucedió con ellas. ¿Perduraron? ¿Por cuánto tiempo? A continuación, introduce la palabra pacto y pídeles a los chicos que la comparen con objetivo. ¿Cuál es la diferencia entre las dos? (Una diferencia importante es que un objetivo es por lo general algo privado, mientras que un pacto es una promesa o acuerdo hecho públicamente entre dos o más personas.)

Luego de conversar un poco, haz que los chicos formen grupos de tres, preferentemente con amigos que conozcan bien. Dales diez minutos aproximadamente para escribir algunos pactos de Año Nuevo. Una vez que hayan terminado, haz que cada persona comparta sus pactos con los otros miembros del grupo pequeño y que los demás le digan qué piensan de ellos. ¿Son demasiado vagos? ¿Imposibles de mantener? ¿Demasiado fáciles? ¿Inapropiados? Luego los chicos pueden reescribir sus pactos basados en los comentarios que han recibido. Por último, compartan sus pactos reescritos y tal vez puedan también conversar sobre formas prácticas en que planean llevarlos a cabo.

—J. RICHARD SHORT.

Objetivos bíblicos

Para crear objetivos espirituales de Año Nuevo, haz que tus chicos recorran la Biblia y encuentren sus versículos favoritos. Para aquellos que dicen no tener un versículo favorito, pídeles que abran sus Biblias en Proverbios y que comiencen a leer hasta que encuentren uno que les guste. Asegúrate de tener Biblias adicionales a mano.

Diles a los chicos que parafraseen el versículo que han elegido, redactándolo con sus propias palabras. Luego deben personalizarlo, expresando la idea en primera persona . Por ejemplo, Mateo 6:33 señala: «Más bien, busquen primeramente el reino de Dios y su justicia, y todas estas cosas les serán añadidas». Alguien que escoja este versículo puede parafrasearlo y personalizarlo de esta manera: «Siempre buscaré las cosas de Dios en todo lo que haga. Y si lo hago, Dios me va a dar todo lo que necesito aquí en esta tierra».

Pídeles que escriban la paráfrasis en letras bien grandes en una hoja de color y que la coloquen en algún lugar donde puedan verla a menudo. Estos versículos personalizados pueden transformarse en sus objetivos de Año Nuevo.

—RON KOSTEDT

Buenos y malos hábitos: hola y adiós

Esta idea es adecuada especialmente para la primera o la última reunión del año, y está relacionada con los objetivos de Año Nuevo. La misma permitirá que los chicos le digan «hola» a un buen hábito y «adiós» a uno malo.

Cada integrante del grupo recibirá unas cuantas hojas de papel, un sobre y un lapicero. Para darle un mejor efecto puedes imprimir la forma de una hoja de árbol en las hojas para los nuevos objetivos y simular que los bordes de las otras hojas donde escribirán los malos hábitos que deseen abandonar están quemados. Luego pídeles a los participantes que escriban algunas resoluciones para el nuevo año (un buen hábito que puedes proponer), coloquen las hojas en un sobre con su nombre y lo cierren. Los sobres se recolectarán y luego serán enviados a estas personas en junio a fin de recordarles los objetivos que se habían propuesto.

A continuación haz que los chicos escriban en las hojas «quemadas» un mal hábito que desearían dejar. Luego de una breve charla sobre cómo van en la tarea de liberarse de algunos malos hábitos, y después de orar y comprometerse unos con otros, cada uno lleva su mal hábito al frente y simbólicamente lo quema en una pequeña fogata. Puedes preparar un fuego en una palangana o un horno japonés. Asegúrate de tener una

ventilación adecuada o lleva a cabo esta parte de la reunión en el exterior.

La mejor forma de que un programa como este sea efectivo a largo plazo es planificando algún tipo de seguimiento de estos objetivos durante el año.

—ED SKIDMORE

Profecías de Año Nuevo

¡Esto puede ser lo más divertido que haga tu grupo en todo el año! Consigue un periódico sensacionalista que publique predicciones sobre el Año Nuevo y marca las más escandalosas que encuentres.

Léelas en voz alta en el grupo. (¡Esto por sí solo ya provocará carcajadas!) Luego entrega hojas y lapiceros y dile a los chicos: «¡Cualquiera puede mejorar tal profecía!», y deja que escriban sus propias predicciones irrisorias para el próximo año. Finalmente, pídeles que todos lean lo que escribieron en voz alta. Algunas seguramente serán sobre ciertos miembros del grupo, así que la diversión estará garantizada.

—TODD CAPEN

SAN VALENTÍN

Planifica un 14 de febrero inolvidable con estos rompehielos, juegos, actividades y lecciones bíblicas, todo acerca del amor, tanto humano como divino.

Adorable confusión

Aquí tienes un rompehielo para un festejo de San Valentín. Entrégales a todos la siguiente lista junto con una goma de mascar. Se juega de forma individual. El primero que cumpla con las nueve instrucciones es el ganador. (No es necesario que se siga un orden, pero todas deben cumplirse.)

—Joe Snow

JUEGO

Parejas famosas

Este juego es genial para festejos de San Valentín. Los participantes desempeñan el rol de personajes famosos, como por ejemplo:

- Sansón y Dalila
- Popeye y Olivia
- Romeo y Julieta
- Adán y Eva
- Superman y Lois Lane

Escribe en tarjetas los nombres de estas parejas y todas las otras que se te ocurran. Mezcla las tarjetas en una bolsa o recipiente, y pídele a cada chico que saque una. (Parte de la diversión de sacar una etiqueta al azar es que quizás a un chico le puede tocar interpretar el rol de Dalila o a una chica le puede tocar ser Sansón.) Y entonces comienza la búsqueda de las parejas.

Uno por vez, los personajes femeninos se van del salón. Sus parejas masculinas correspondientes responden preguntas, tratando de adivinar lo que sus parejas femeninas van a responder. (Haz que alguien grabe las respuestas.) Las preguntas pueden ser parecidas a estas:

- ¿Cuál es la razón principal por la que tu pareja es famosa?
- ¿Dónde viven tú y tu pareja?

- ¿Cuál es el color del cabello de tu pareja?

Los personajes femeninos regresan al salón y se les realizan las mismas preguntas. La pareja que tuvo más respuestas iguales gana puntos. Para la segunda ronda, los personajes masculinos son los que abandonan el salón y los femeninos contestan las preguntas. La pareja ganadora es la que tiene mayor cantidad de puntos luego de las dos rondas.

Una buena forma de comenzar el juego es otorgándole cierta cantidad de puntos a la pareja que se encuentre más rápidamente, un punto menos a la siguiente, y así sucesivamente.

—Scott Pogue

JUEGO

Besos en la oscuridad

Este es un juego de relevos para dos equipos. Necesitarás dos blancos para hacer tiros de unos cuarenta y cinco centímetros de diámetro (o más). Marca los círculos concéntricos del blanco con valores como 10, 15, 25, 50 y 100. También necesitarás una venda para los ojos, dos pinturas labiales, dos protectores labiales y dos adultos con un marcador cada uno en cada blanco. (Para grupos más grandes, forma más equipos, entregándole uno de los artículos anteriores a cada equipo.) Cuelga los blancos en una pared a unos cinco metros de la línea de partida y haz que los dos equipos formen dos filas mirando hacia el blanco.

En este momento anuncias el título del juego: «Besos en la oscuridad». Explica que les vendarás los ojos a los primeros miembros de los equipos, les pintarás los labios o les pondrás protector labial (a elección del participante) y los harás girar para que se mareen un poco. Luego, guiados por sus compañeros de equipo, los jugadores vendados intentarán besar el blanco en el puntaje más alto y más tarde regresarán a la fila y vendarán al siguiente participante. El juego continúa hasta que cada jugador ha tenido la oportunidad de dar un beso en la oscuridad.

Adorable Confusión

❤   Consigue diez autógrafos diferentes (pueden ser nombres o apellidos).

❤ Desátale a alguien los cordones de sus zapatos o zapatillas y vuélveselos a atar.

❤ Busca a otras dos personas y entre los tres hagan la forma de un corazón acostados en el piso.

❤ Haz que una persona del sexo opuesto bese este papel cinco veces y que firme aquí. _____.

❤ Comete diez caramelos o confites rojos y muéstrale tu lengua a alguien a quien no conozcas muy bien. Haz que firme aquí_____.

❤ Recita este fragmento de un poema de Mario Benedetti lo más alto que puedas:

> Si la esmeralda se opacara,
> si el oro perdiera su color,
> entonces, se acabaría
> nuestro amor.
> …
> Si la vida fuera otra
> y la muerte llegase,
> entonces, te amaría
> hoy, mañana…
> por siempre…
> todavía.

❤ Pídele a diez personas que sean tu Valentín y comprueba cuantos acceden. Anota tu puntaje. Sí_____ No_____

❤ Salta sobre alguien en rango o pídola cinco veces.

❤ Te han dado una goma de mascar al comienzo de la competencia. Mastícala y haz cinco globos. Encuentra a alguien que te observe mientras lo haces y haz que firme aquí cuando termines _____.

Es conveniente que un adulto vaya haciendo un círculo alrededor de cada «beso» inmediatamente después de que es realizado para evitar que se confunda con el siguiente y no complicar la puntuación. Cuando los varones se pongan lápiz labial en lugar de protector, agrégale diez puntos extras a su equipo. Si el juego resulta muy lento, pon un límite de tiempo.

—DougThorne y David Tohlen

Dulces de San Valentín

Consigue una buena cantidad de esos dulces con frases de amor (Te amo, Bésame, Mi amor, etc.) y prueba estas ideas.

Forma equipos a la manera de San Valentín

¿Necesitas dividir rápidamente el grupo en equipos, pero con algún detalle de San Valentín?

En primer lugar, determina cuántos equipos necesitas y cuántos participantes debe haber en cada equipo. Luego coloca el número necesario de dulces en una bolsa.

Mientras los chicos van llegando a la fiesta, entrégale a cada uno una golosina... ¡y que no se la coma! Cuando llegue el momento de formar los equipos, diles a todos que encuentre a los que tengan su misma frase. Déjalos que griten, vayan y vengan todo lo que quieran, hasta que cada uno encuentre a su equipo.

Para dividirlos para otro juego en grupos, haz que todos los que tengan el dulce del mismo color formen un equipo.

—Tommy Baker

Dilo con mímica... ¡y con amor!

Aquí te proponemos un lindo juego para tu próxima fiesta de San Valentín. Coloca algunos dulces con frases de amor en un recipiente. Pídele a un chico del grupo que saque uno de los dulces y trate de decir con mímica lo que está escrito en él. La persona que adivina correctamente lo que dice, se lo come. Es muy divertido ver a los participantes tratando de representar con gestos frases como «Bésame», «Soy tu chico», y todas esas locas frases que vienen en estos dulces tradicionales.

—Wayne Peterson

Bingo de San Valentín

Confecciona cartones de bingo, pero en vez de poner núme-ros en cada uno de los cuadrados, escribe frases típicas de San Valentín, de esas que vienen en las golosinas.

Compra una buena cantidad de dulces pequeños con frases de amor, de manera que alcance para que todos los participantes puedan completar sus cartones de bingo. Entrégale a cada uno cantidades iguales con frases elegidas al azar. Cuando se dé la orden, los jugadores no esperarán que alguien diga algo, sino que inmediatamente tratarán de colocar cada dulce en el casillero correspondiente (el dulce que dice «Bésame» en el casillero que dice «Bésame», etc.). Si tienen muchos dulces de una frase, pueden intercambiarlos con otros jugadores por frases que necesiten a fin de completar todos los cuadrados de su cartón y gritar: ¡Bingo! Los participantes se pueden comer las golosinas después del juego.

Bingo de amor

Este juego también puede utilizarse como rompehielo. Haz copias de la siguiente hoja de bingo. Asegúrate de que cada participante tenga un lápiz y una copia. La primera persona que complete el bingo obtiene un pequeño premio.

—Jeff Brown

Búsqueda del tesoro de San Valentín

Esta búsqueda del tesoro se realiza con revistas y está pensada para realizarse bajo techo, resultando ideal para esos días en los que la lluvia no nos permite realizar una actividad al aire libre. Cada grupo se sienta en círculo con una pila de revistas en el medio y una copia de la lista que se encuentra a continuación. El primer equipo en encontrar y recortar los diez artículos solicitados es el ganador.

—Kathie Taylor

Banquete de San Valentín para los padres

En lugar de un festejo tradicional de San Valentín, ¿por qué no ofrecer un banquete de San Valentín para los padres auspiciado por sus hijos? Los chicos cocinarán y le servirán la comida a sus padres, y luego prepararán un programa de sátiras y números musicales. ¡Tomen un montón de fotografías y diviértanse muchísimo! Esto puede llegar a convertirse en una actividad anual.

—David Butler

BINGO DEL AMOR

Aquí está tu cartón del «Bingo del amor». Tu misión es ser el primero en completar el bingo (vertical, horizontal o diagonal) haciendo que las personas firmen en el casillero que las describe.

Alguien que hoy fue besado	Una amiga	Alguien de 27 años, 160 cm y 85 kg	**♥ LIBRE**	La persona con la que quieres salir, pero nunca lo has hecho	Alguien que tenga medias rojas	Dale un abrazo a alguien y haz que firme aquí
El amor de tu vida	La chica más coqueta	Un pariente tuyo	Dale un abrazo a alguien y haz que firme aquí	El chico más coqueto	Un amigo cercano	**♥ LIBRE**
♥ LIBRE	Un chico con ojos azules	El director de tu Escuela Dominical	Alguien que esta noche haga playback	Alguien que no lleve puesto algo rojo	Alguien que fue besado hace cinco años	«Dulce» es la palabra que describe a esta persona
Dale un abrazo a alguien y pídele que firme aquí	Alguien que lleve puesto algo rojo	Alguien con una personalidad encantadora	**♥ LIBRE**	Ve hacia alguien del sexo opuesto, sonríe y dile: «¿No te conozco de alguna parte?». Luego pídele que firme aquí	Alguien casado	Tu primer novio/novia
Alguien que quieres llegar a conocer mejor	**♥ LIBRE**	Un/a rubio/a	Alguien que duerme con un osito de peluche	Uno de tus mejores amigos	Dale un abrazo a alguien y pídele que firme aquí	Alguien que lleve puesto zapatos rojos
Una persona por la cual estás loco/a	Tu maestro/a de Escuela Dominical	**♥ LIBRE**	Alguien que lleve puesto algo rojo	Alguien con cabello castaño	Un ex novio/a del que aún eres amigo/a	Una chica con ojos azules
Alguien que con frecuencia te anima o te halaga	Cualquiera que esté en esta reunión o festejo	Dale un abrazo a alguien y pídele que firme aquí	Alguien a quien verdad admiras	Alguien realmente completo, que lo tiene todo	**♥ LIBRE**	Un amigo varón

Búsqueda del tesoro de San Valentín

Deben encontrar:

1. Una fotografía de una persona que te gustaría que fuese tu Valentín.

2. Una fotografía de algo que la gente suele regalar para San Valentín.

3. La palabra AMOR.

4. Una fotografía de algo que rime con la palabra «Valentín».

5. Una fotografía romántica de una pareja.

6. Una fotografía de una ropa roja.

7. Una palabra o fotografía que describa a tu Valentín.

8. Una fotografía de una comida roja.

9. Una fotografía de cualquier cosa que comience con la letra V.

10. Una fotografía de una caja de chocolate.

Me quiere, no me quiere

Comienza tu festejo de San Valentín (o tu estudio sobre las citas y el compromiso) con este panel de debate.

Antes de la reunión, pídeles a cuatro adultos que escriban un párrafo corto contando cómo fue su experiencia con respecto a las citas durante la escuela secundaria, excluyendo cualquier referencia que los pudiera identificar como hombre o mujer. Trata de elegir personas que representen varios tipos de experiencias: casado, no casado, que tuvo muchas citas, que no tuvo citas hasta la universidad, una mujer que se casó con su novio de la secundaria, un hombre que se casó con su esposa un mes después de su primera cita, etc. Haz copias de estos párrafos sin incluir el nombre de aquellos que los escribieron.

Entrégales las copias a los chicos durante el festejo o la reunión, mientras los cuatro escritores permanecen sentados al frente. Luego de leerlas, los chicos tienen que adivinar qué historia pertenece a cada uno. Después de develar el misterio, pueden hacer preguntas dirigidas a ciertos miembros del panel o a los de cierto género.

—Deborah Carlson y Robert Malsack

«Aunque tuve una relación estable durante todo mi primer año de secundaria, en los años posteriores no fue así, siempre terminaban conmigo. Nunca tuve una relación que durara más de dos semanas. Parecía que las personas que me gustaban nunca sentían atracción hacia mí. Y las personas que estaban interesadas en mí, a mí no me llamaban la atención. Por lo tanto, mi vida amorosa durante la secundaria consistió en muchas citas, pero ninguna estable. Esta misma historia continuó en la universidad, hasta que en mi primer año conocí a la persona que luego se casaría conmigo. Así que además de la relación que tuve al comienzo de la secundaria, nunca tuve otra relación estable más que con la persona con la me casé. Irónicamente, la persona con la que salí durante el primer año de secundaria y la persona con la que me casé tienen el mismo nombre».

Aquí te proponemos muchísimos juegos, rompecabezas, manualidades e ideas para búsquedas del tesoro, todos relacionados con la Pascua y la Cuaresma. También encontrarás proyectos de servicio, actividades de adoración, recreaciones históricas, lecciones bíblicas y planificaciones para reuniones diseñadas a fin de conmemorar la muerte y la resurrección de Jesucristo.bíblicas, todo acerca del amor, tanto humano como divino.

JUEGO

Recuperen al rey

Esta es una forma entretenida de demostrar la imposibilidad de robar el cuerpo de Jesús de una tumba fuertemente custodiada. Te darás cuenta desde el comienzo (aunque debes dejar que los chicos lo vayan descubriendo gradualmente) de que es prácticamente imposible para los discípulos recuperar el cuerpo del rey. Por esta razón, deja que cada juego dure solo de cinco a quince minutos. Luego, los romanos y los discípulos deben cambiar los roles cada vez que el juego vuelva a comenzar.

Puedes realizar este juego con grupos de cualquier tamaño, de diez o cien. Escoge a un rey y divide al resto del grupo en discípulos y romanos (un discípulo por cada tres romanos). Determina cuál será el campo de juego y deja que los romanos elijan el lugar donde tendrán capturado al rey. (Puede ser el que quieran siempre y cuando tenga al menos una entrada.) Los romanos deben tener un mínimo de tres guardias alrededor de él, no hay un número máximo. También designa una zona de seguridad para los discípulos y dos cárceles: una para los discípulos capturados y otra para los romanos capturados.

El objetivo de este juego es que los discípulos recuperen a su rey del poder de los romanos y lo retornen a su zona de seguridad. A fin de comenzar el juego, los romanos le envían un mensajero a los discípulos diciéndoles exactamente dónde tienen a su rey. Luego el romano vuelve a su equipo y todos ellos permanecen en un lugar, dándoles a los discípulos la oportunidad de esconderse.

Una vez que comienza el juego, los romanos empiezan a buscar a los discípulos escondidos, capturándolos con un toque. Los discípulos capturados son llevados a la cárcel. Los discípulos también pueden capturar romanos, pero solo si tres (o más) discípulos tocan a un Romano al mismo tiempo (más o menos). Tanto los romanos como los discípulos pueden ser liberados si son tocados por un miembro de su propio equipo.

Para que los discípulos recuperen a su rey, al menos dos de ellos deben escoltarlo a la zona de seguridad. Para que los romanos ganen el juego, deben capturar a todos los discípulos. Si los Discípulos no han recuperado a su rey dentro del límite de tiempo (y las probabilidades están totalmente en contra de ellos), pierden.

—Bill Fry

JUEGO

Búsqueda de huevos... bíblica

Organiza una búsqueda de huevos utilizando como pistas algunos versículos bíblicos para que puedan encontrarlos. Divide a los buscadores en dos equipos: Rojos y Azules. El primer equipo buscará los huevos que tengan los números en color rojo, mientras que los segundos buscarán huevos con los números en azul.

Para comenzar el juego, entrégale a cada líder de equipo un huevo con el número 1 en el color que corresponda. Dentro de los huevos encontrarán un papel con una referencia bíblica que les provee una clave para encontrar el huevo número 2. Por ejemplo, si el papel dice: «Isaías 35:1», los chicos lo buscarán en la Biblia y verán que ese versículo menciona flores. El lugar lógico para encontrar el próximo huevo será, por lo tanto, cerca de un ramo de flores. Salmos 62:3 puede ser la clave para una cerca; Eclesiastés 11:3 para un árbol caído; Números 24:7 para una viejo balde o cubo. ¡Usa tu imaginación!

No puede haber dos huevos en el mismo lugar. Los buscadores no pueden mover o tocar un huevo que pertenezca a otro equipo. Los huevos deben ser ubicados en orden según las pistas, si un huevo es descubierto accidentalmente, no puede ser abierto hasta que los huevos anteriores y sus correspondientes pistas sean halladas.

El equipo que encuentra primero todos sus huevos es el ganador. ¡Asegúrate de que el último huevo contenga un versículo acerca de la victoria!

—WILMA WYATT

JUEGO

¡Búsqueda de huevos desafiante!

El objetivo de este juego es acumular la mayor cantidad de huevos de plástico dentro de un límite de tiempo.

Cada equipo, de al menos cinco chicos, elije un espía entre ellos. Mezcla todos los espías dentro de los diferentes equipos de manera que ningún espía esté ubicado en su equipo original. El espía que se halla en cada equipo se asegurará de que este cumpla los desafíos que se encuentran dentro de un huevo antes de buscar el siguiente.

A fin de prepararte para este juego, imprime la lista de instrucciones que se encuentra a continuación (y agrega las tuyas), corta cada una y colócala dentro de un huevo de plástico. También incluye algunos dulces. Luego esconde los huevos poco antes de que comience la reunión.

Si lo deseas, puedes realizar este juego de noche y con linternas. Cuando se acabe el tiempo establecido, los espías deben entregarles a los equipos que han estado vigilando un certificado de que han cumplido con todos los desafíos correctamente. Gana el equipo que logró encontrar la mayor cantidad de huevos.

[ver hoja de actividades pag. 28]

—JAMES L. PAGAN

JUEGO

¡Búsqueda de huevos extravagante!

Aquí tienes una búsqueda del tesoro cuyos elementos se relacionan con huevos. Dile a tus equipos que tienen una hora para encontrar (o preparar) la mayor cantidad posible de los artículos listados a continuación, y aclárales que deben comprar la menor cantidad de artículos posible. Entrégale a cada equipo un vehículo (y un conductor con licencia), espera una hora hasta que regresen, y luego asígnale una determinada cantidad de puntos a cada una de las cosas relacionadas con huevos que trajeron en sus canastas.

[ver hoja de actividades pag. 29]

—MAURICE GILLARD

JUEGO

Búsqueda del tesoro de Pascua

Divide al grupo en equipos y haz que cada uno se suba a un automóvil. Cada vehículo debe estar provisto con una docena de huevos de Pascua. Entrégale la lista de firmas que deben reunir (una firma por huevo). Fíjate en el listado a continuación para tener un ejemplo y luego agrega las personas que tú mismo consideres. ¡Sé creativo! Este juego no solo es muy divertido, sino que además, como muchas búsquedas de tesoros, también constituye una forma alegre de que el grupo se relacione con la comunidad.

Controla el tiempo de cada equipo y entrégale premios al primer y al último grupo que llegó a casa sano y salvo. Asegúrate de tener un tiempo en el cual los chicos puedan hablar de sus experiencias, quizás luego de un refrigerio.

También puedes probar con esta variación: Todos los artículos la lista deben ser seres vivos (una planta, una mascota, un poco de humus, una flor silvestre, una htoja de palmera, etc.). Luego de la búsqueda del tesoro, estudien en la Biblia acerca del Cristo que vive.

[ver hoja de actividades pag. 30]

—CHRIS FOLEY Y BERT JONES

JUEGO

El huevo mágico

Este es un buen juego para que participe todo el grupo y puede ser realizado en Pascua o cualquier momento del año a fin de reavivar la interacción. Con anticipación, decora un gran huevo de plástico, escribe en tiras de papel varias payasadas para hacer, y colócalas luego dentro del huevo.

Haz que el grupo se siente formando un círculo y que se pasen el huevo uno a otro mientras suena la música. Cuando la música se detenga, la persona que quedó sosteniendo el huevo debe sacar un papel, leer la instrucción en voz alta y realizarla. Si alguien se queda con el huevo dos veces, debe dárselo a la siguiente persona en el círculo. Puedes variar el juego haciendo que la música continúe y que luego dos o tres chicos cumplan las instrucciones al mismo tiempo.

Aquí tienes algunas sugerencias para las payasadas, pero puedes agregar todas las que desees:

- Corre alrededor del círculo gritando el nombre de tu carne favorita diez veces.

- Guía al grupo entero para que realice tu ejercicio aeróbico favorito durante tres minutos.

- Utilizando el huevo gigante como ejemplo, muéstrale al grupo cómo romper, pelar y comer un huevo hervido.

- Imita el sonido que hace un avestruz diez veces mientras aleteas con tus brazos.

- Repite tu nombre completo diez veces con los dedos apretando tu nariz.

- Fingiendo que eres el conejo de Pascuas, salta en un solo pie alrededor del círculo y deja caer el huevo bajo la silla de alguien o en la falda de uno de los participantes.

—MARY KENT

JUEGO

Dilema en la cena de pascua

A continuación te proponemos un dilema lógico ideal para cualquier reunión o encuentro en la época de Pascua. He aquí la solución:

La Srta. Flopsy lleva un gorro de Pascua

A la Sra. Oveja le gustam los caramelos de goma

La Sra. Abril es alérgica a los lirios de Pascua

La Srta. Cola de Algodón tiene la cabeza en forma de huevo

La Sra. de Peter Rabit es la anfitriona

La Sra. Mopsy detesta los conejos de chocolate

[ver hoja de actividades pag. 31]

—LYNNE HARTKE

COLLAGE

Collage de Pascua

Durante la Cuaresma, involucra a los jóvenes en el estudio de un personaje de la crucifixión, tal como está registrada en Lucas 23, creando un collage gigantesco de la historia. Divide el capítulo 23 del Evangelio de Lucas en varias secciones, una por cada reunión de estudio. Pídeles a los chicos que lean la sección que corresponda a cada día. Luego escoge un versículo clave que demuestre cómo era la vida, la actitud y los sentimientos de uno de los personajes y entrégale a cada joven una revista que contenga muchas fotografías. Cada uno debe encontrar una que retrate la actitud o el sentimiento del personaje, tal como se revela en el pasaje. Haz que los chicos le expliquen al grupo por qué eligieron sus fotografías. Conserva las fotos para construir un collage horizontal gigante, escribiendo el versículo clave debajo del grupo de fotografías correspondiente a cada personaje. Cuando esté completo, el collage contará la historia de la crucifixión. Exhibe el collage durante la semana de Pascua.

Los siguientes son algunos pasajes, personajes y versículos clave sugeridos:

Lucas 23:13-23	La multitud (v. 21)
Lucas 23:13-25	Pilato (v. 24)
Lucas 23:26	Simón (v. 26)
Lucas 23:27-34	Jesús (v. 34)
Lucas 23:25-38	Burladores (vv. 35-37)
Lucas 23:39	Criminal 1 (v. 39)
Lucas 23:40-43	Criminal 2 (v. 43)
Lucas 23:46-48	Centurión (v. 47)
Lucas 23:50-56	José (vv. 50-53)

—DONALD MUSSER

MÚSICA

Villancicos de Pascua

Es muy común cantar villancicos en Navidad, por lo tanto, ¿por qué no hacerlo también durante la Pascua? Decide a dónde quieres ir y asegúrate de que los encargados de las instituciones sepan cuándo tu grupo y tú los visitarán. Reúnanse una hora antes aproximadamente para asegurarse de que todos saben las canciones que cantarán. Puedes invitar al pastor para que vaya y celebre la Santa Cena con los internos si es posible. Otra buena idea es que un grupo de personas mayores también concurra para entregarles flores a las personas a las que ustedes les cantarán.

Sean creativos con las canciones y realicen variaciones (solos, cuartetos, armonías, unísonos y también narraciones). Canten temas conocidos para que todos puedan unirse a ustedes. Si cantan durante toda la tarde, quizás después quieran ofrecer algo para comer y compartir un lindo momento luego de la música.

—ROBIN HOEFER

BÚSQUEDA DE HUEVOS DESAFIANTE

Desafíos:

- Formen un círculo, todos mirando hacia adentro. Luego de a uno por vez, cuenten hasta cuarenta. La primera persona dice «uno», el compañero de al lado dice «dos», etc. Cuando uno de los integrantes del equipo llega al cinco o a un múltiplo de cinco, debe aplaudir en lugar de decir el número. Si alguien se equivoca. El equipo debe volver a comenzar a contar de nuevo desde el uno.

- Rápidamente, elijan a un líder que los guíe en un simple coro de equipo, como por ejemplo: «¡Dame una P! ¡Dame una A! ¡Dame una Z! ¿Qué tenemos? ¡PAZ! ¡No los escucho! ¡PAZ!».

- El próximo huevo que encuentren debe ser verde.

- Encuentren un árbol. Formen un círculo alrededor de él y mientras dan vueltas canten alguna canción popular tres veces. Cuando terminen, todos deben dejarse caer.

- Formen un tren y vayan así hasta su próximo huevo.

- El próximo huevo debe ser encontrado por la persona más joven del equipo.

- Súbanse unos a las espaldas de los otros y busquen así su próximo huevo.

- Averigüen cuál es el cumpleaños más próximo y cántenle a esa persona una ruidosa versión del Feliz Cumpleaños.

- Siéntense en círculo y hagan la ola (deben pararse cuando llegue su turno).

- Formen una pirámide humana y manténganla durante diez segundos.

- Escriban la palabra PASCUA formando cada uno de los chicos una letra con su cuerpo.

LISTADO EXTRAVAGANTE

- Un huevo decorado
- Un huevo duro
- Cáscara de huevo
- Una cáscara de huevo vacía e intacta
- Un huevo revuelto
- Un huevo de chocolate (puntos extras para el más pequeño y el más grande)
- Un huevo relleno con crema (puntos extras para el sabor más extraño)
- Una fotografía de un huevo
- Un envase de cartón para huevos
- Un champú de huevo
- Un formulario para un concurso de Pascua con un huevo para colorear (el huevo debe estar coloreado)

- Un huevo en conserva
- Una huevera o copa pequeña para sostener los huevos cocidos
- Un cronómetro de cocina en forma de huevo
- Un rollo de huevo o arrollado primavera
- Una espátula para huevos
- Un sándwich de huevo
- Un rebanador de huevos
- Un huevo decorativo, pintado al estilo ucraniano
- Licor de huevo
- Un separador de claras y yemas
- Un recipiente para huevos poché
- Un batidor de huevos

★ ★ ★ ★ ★ ★ ★ ★ ★ ★ ★ ★ ★

LISTADO DE LA BÚSQUEDA
DEL TESORO DE PASCUA

★ ★ ★ ★ ★ ★ ★ ★ ★ ★ ★ ★

Instrucciones: Todos los equipos saldrán al mismo tiempo y conseguirán las firmas (en los huevos de Pascua, una firma por huevo) según el siguiente listado. Pueden obtenerse en cualquier orden.

Regla #1: NO CONDUCIR A ALTA VELOCIDAD.

Regla #2: Siempre identifíquense. Por ejemplo: «Somos del grupo de jóvenes de la   iglesia...».

Regla #3: ¡Diviértanse!

Vayan y consigan las firmas de:

- ★ El encargado o el cajero de una estación de servicio.
- ★ El gerente o la persona encargada de tres diferentes restaurantes (estos tres restaurantes deben estar en calles distintas).
- ★ El gerente o un huésped de un hotel de la ciudad.
- ★ El DJ de una estación de radio local.
- ★ El encargado o el cajero de un cine.
- ★ Una persona que viva en un hogar de ancianos (primero consultar en recepción).
- ★ Un paciente o una enfermera de un hospital (primero consultar en recepción).
- ★ Un profesor de una escuela secundaria.

¡Sean educados y alegres, y terminarán antes que los demás!

★ ★ ★ ★ ★ ★ ★ ★ ★ ★ ★ ★

Dilema en la cena de Pascua

Una mujer invitó a cinco huéspedes a su cena de Pascua. Los nombres de las seis personas que se sentaron alrededor de su mesa eran: Sra. Abril, Srta. Flopsy, Sra. de Peter Rabbit, Sra. Mopsy, Srta. Cola de Algodón y Sra. Oveja. A una de ellas le gustaban los caramelos de goma, otra llevaba puesto un gorro de Pascua, una tenía una cabeza en forma de huevo, otra detestaba los conejos de chocolate, una era alérgica a los lirios de Pascua y otra era la anfitriona.

¿Puedes identificar a cada una de las damas, así como también en qué lugar de la mesa se sentó cada una guiándote por las siguientes pistas?

✗ La mujer que detestaba los conejos de chocolate se sentó enfrente de la Srta. Flopsy.

✗ La dama a quien le gustaban los caramelos de goma se sentó enfrente de la Sra. de Peter Rabbit, la cual se sentó entre la mujer que era alérgica a los lirios de Pascua y la mujer que detestaba los conejos de chocolate.

✗ La mujer que tenía la cabeza en forma de huevo se sentó frente de la Sra. Abril, al lado de la dama a la que le gustaban los caramelos de goma y a la izquierda de la que detestaba los conejos de chocolate.

✗ La dama que era alérgica a los lirios de Pascua se sentó entre la Sra. de Peter Rabbit y la mujer que se sentó enfrente de la que detestaba los conejos de chocolate.

✗ La Sra. Oveja, que era una buena amiga de todas, se sentó al lado de la mujer con la cabeza en forma de huevo y enfrente de la anfitriona.

✗ La mujer que se sentó al otro lado de la que llevaba puesto un gorro de Pascua no era la Srta. Cola de Algodón.

De regreso en el huerto

Esta es una actividad para los jóvenes diseñada a fin de mejorar la comprensión básica de los sucesos de la crucifixión y la resurrección. En primer lugar, redacta escritos cortos basados en las siguientes escenas:

- Preparativos para Pascua (Mateo 26:17-19).

- En el aposento alto (Juan 13:1-14:27).

- Institución de la Cena del Señor (Mateo 26:26-30).

- En Getsemaní (Mateo 26: 36-46).

- Arresto de Jesús (Mateo 26:47-56, Lucas 22:29, Juan 18:10-11).

- Juicio ante Caifás (Mateo 26:69-74, Marcos 14:66-71, Lucas 22:55-59, Juan 18:15-26).

Selecciona un sitio que tenga un gran espacio abierto, un sendero serpenteante y varios lugares a lo largo del sendero en los cuales un grupo pueda detenerse y sentarse. Organiza un conjunto de actores (adultos y chicos) para que memoricen los escritos y confeccionen trajes que reflejen la época. Luego la gente llegará en grupos y comenzará su caminata hacia el huerto para vivir los acontecimientos de la Pascua de nuevo.

Cerca de donde está la gente, presenta una escena donde se les instruye a los discípulos a organizar la Cena del Señor.

Lleva al grupo al aposento alto para una recreación de la última cena (haz que todos los espectadores participen de la Santa Cena durante el cierre de esta escena).

Continúa recorriendo el sendero y detente para la oración de Jesús en Getsemaní, su arresto y el juicio.

Finaliza la noche haciendo que todo el grupo se reúna alrededor de una gran cruz (lo suficiente pesada como para que sea necesario levantarla entre varias personas). Comparte un breve devocional sobre la cruxifición y luego finaliza con el grupo entero intentando levantar juntos la cruz.

—MIKE TURNER

Test del coeficiente intelectual de Pascua

Este es un cuestionario divertido y a la vez educativo que puedes utilizar durante la época de la Cuaresma y la Pascua. Lean y charlen sobre las respuestas cuando el grupo haya finalizado el test.

—HOWARD NIELSEN

Respuestas:

1. Falso. Esta afirmación es verdadera solo desde el siglo nueve para las iglesias occidentales. El Concilio de Nicea (325 A.D.) había fijado el equinoccio el 21 de marzo, pero la fecha de la Pascua estuvo en discusión hasta la época de Carlomagno.

2. Verdadero. La Pascua fue celebrada como un festival de primavera durante el equinoccio de primavera en los tiempos antiguos.

3. (c)

4. (c)

5. (e)

6. (c)

7. (c)

8. (c) Marcos 16.

9. Dos. Juan 20.

10. (c) Juan 20:11-18.

11. (e)

12. (e) También egipcia.

13. (c)

14. (c)

15. (b) Mateo 27:38.

16. (b)

17. (e)

18. (c)

19. (c)

20. (e) Mateo 27:57.

21. (c) Mateo 28:2.

22. (c) 1 Corintios 15:6.

23. (d) Juan 20:11-18; Lucas 24:13-32.

24. (b)

25. (d)

26. (a)

27. (c)

28. (f)

29. (c)

30. (d)

31. (a) El zar Alexander le regaló a su esposa un huevo adornado con joyas realizado por el joyero ruso Fabergé (Enciclopedia World Book, Vol 6, p. 26).

32. (e). Enciclopedia World Book, Vol 6, p. 25.

33. (b). Estos son días santos durante la Semana Santa.

34. (a). Job 19:25-26.

35. Verdadero.

36. (b). Gálatas 5:11.

37. (c). En el libro apócrifo de la Carta de Bernabé (130-160 A.D.) se registra que Abraham tenía trescientos dieciocho siervos. En el alfabeto griego, en el cual las letras también representan números, 318 está expresado como IHT. IH son las dos primeras letras del nombre de Jesús, mientras que la T es una ilustración de la cruz (según Bernabé 9:8).

38. (a). Lucas 23:2.

39. (b).

40. Cualquier respuesta es correcta.

INSTRUCCIONES

Marquen las respuestas correctas en los espacios provistos a la izquierda. La mayoría de las preguntas son de escoger la respuesta entre opciones múltiples, algunas son de verdadero/falso, y otras son para completar.

1. Verdadero o falso: Desde que se celebra la Pascua, la misma siempre ha tenido lugar el primer domingo luego de la primera luna llena que ocurra el 21 de marzo o después. _____

2. Verdadero o falso: La Pascua originalmente era una fiesta pagana. _____

3. El Miércoles de Cenizas, el comienzo de la Cuaresma, tiene lugar siempre cuarenta días antes de la Pascua, sin contar:
(a) El día libre del pastor
(b) El Sabbat
(c) Los domingos
(d) Semana Santa
(e) Miércoles de Cenizas

4. Jesús creció en:
(a) Belén
(b) Jerusalén
(c) Nazaret
(d) Oberammergau
(e) Ninguna de las anteriores

5. Cuando Jesús entró a Jerusalén el Domingo de Ramos, lo hizo:
(a) Caminando
(b) En limusina
(c) Montado sobre un caballo blanco
(d) Caminando al lado de un burro
(e) Montado sobre un burro

6. Como no había lugar en Jerusalén durante la Semana Santa, Jesús tuvo que quedarse en:
(a) Belén
(b) El huerto de Getsemaní
(c) Betania
(d) Un club
(e) Un establo

7. Cuando Jesús se levantó de la tumba la mañana de Pascua:
(a) Se vengó de los que lo crucificaron
(b) Vio su sombra y se ocultó de nuevo cuarenta días más hasta que pasó el invierno
(c) Dejó a los ángeles al cuidado de la tumba
(d) Desayunó con Moisés y Elías en el Monte de la Transfiguración
(e) Fue directo a Galilea y se les apareció a los discípulos

8. De acuerdo con el Evangelio de Marcos, ¿cuántas mujeres fueron a la tumba el domingo por la mañana?
(a) Una
(b) Dos
(c) Tres
(d) Cuatro
(e) Cinco o más

9. De acuerdo con el Evangelio de Juan, ¿cuántos hombres fueron a la tumba el domingo por la mañana? (Escribe el número correcto). _____

10. ¿Quién fue la primera persona con la cual Jesús habló luego de que resucitó?
(a) El jardinero
(b) Los soldados que estaban haciendo guardia
(c) María Magdalena
(d) María su madre
(e) Un distribuidor de productos de limpieza
(f) Ninguno de los anteriores

11. Los huevos de Pascua son parte de esta celebración porque:
(a) A Jesús le gustaba desayunar huevos
(b) Los discípulos pusieron todos los huevos en una canasta
(c) Los huevos son un símbolo de una nueva vida
(d) Los conejos ponen huevos
(e) Ninguna de estas razones

12. ¿Por qué el conejo de Pascua es parte de esta celebración?
(a) La pata de un conejo trae buena suerte
(b) El conejo era el plato favorito de los discípulos
(c) El conejo no tiene nada que ver con nada
(d) El conejo de Pascua es solo otra comercialización de un festejo religioso.

(1)

(e) Es una de esas antiguas costumbres alemanas

13. Jesús fue sepultado el viernes en:

(a) Una tumba pobre

(b) Una tumba que él y su familia eligieron antes de Semana Santa

(c) Una tumba prestada

(d) Un mausoleo

14. Jesús estuvo en la tumba por:

(a) Tres días

(b) Una noche

(c) Alrededor de treinta horas

(d) Un descanso merecido

(e) Un período indeterminado de tiempo

15. Jesús fue crucificado con otros dos que eran:

(a) Asesinos

(b) Ladrones

(c) Degolladores

(d) Blasfemos

(e) Víctimas inocentes como Jesús

(f) Músicos de rock

16. La última cena tuvo lugar porque:

(a) Jesús quería una fiesta de despedida

(b) Se iba a celebrar la Pascua judía

(c) Leonardo Da Vinci pensó que sería un gran cuadro

(d) Judas debía ser expuesto como traidor

(e) Ninguna de estas razones

17. ¿En cuál de estas versiones de la Biblia se utiliza la palabra «Pascua»?

(a) RVR-1960

(b) RVC

(c) NVI

(d) NTV

(e) En todas

18. La Cuaresma es:

(a) Algo que encuentras bajo tu cama cuando hace mucho que no limpias

(b) Una comida judía típica

(c) Un ayuno de cuarenta días antes de la Pascua

(d) Una fiesta judía

(e) Algo que no conozco, porque no soy judío

19. ¿Cuánto le pagaron a Judas por traicionar a Jesús?

(a) Cien dólares

(b) Dos panes y cinco pescados

(c) Treinta monedas de plata

(d) Oro, incienso y mirra

(f) Monedas romanas

20. El José que le pidió a Pilato el cuerpo de Jesús en realidad era:

(a) El padre de Jesús de Nazaret

(b) Un hombre rico de Arimatea

(c) Un discípulo secreto de Jesús

(d) Ninguno de ellos

(e) Más de uno de estos

21. ¿Quién quitó la piedra de la tumba la mañana de Pascua?

(a) Los once discípulos

(b) Dos hombres con túnicas blancas

(c) Un ángel que se sentó sobre la piedra

(d) Gabriel, que hizo sonar su cuerno

(e) Pedro

22. ¿A cuántas personas Jesús se les apareció luego de que resucitara de la muerte?

(a) A los once discípulos

(b) A la gente de Emaús

(c) A más de quinientos

(d) No sé

(e) Me hubiera gustado que se me apareciera a mí

23. ¿Cómo era el aspecto de Jesús luego de que resucitara?

(a) Como siempre

(b) Como Moisés

(c) Como Elías

(d) Irreconocible

(e) Me rindo

24. El Jesús resucitado una mañana preparó el desayuno:

(a) En el aposento alto para los discípulos

(b) En la orilla del Mar de Galilea

(c) En un Burger King

(d) En la casa de sus amigos en Betania

(e) Para comenzar con la tradición del desayuno de Pascua

25. En el principio, cuando Dios creó el mundo, también creó la primera computadora, ¿cómo sabemos esto?

(a) Eva tomó un byte de la manzana

(b) Adam y Eva no eran compatibles

(c) Dios monitoreaba todos sus movimientos

(d) El mundo se conoce también como una gran computadora

26. Uno de los discípulos fue llamado «Tomás el desconfiado» porque:

(a) No creyó que Jesús había resucitado

(b) Se perdió la fiesta

(c) No creía en el conejo de Pascua

(d) Era de Estados Unidos

(2)

27. La fecha de Pascua para la tradición ortodoxa griega es:

(a) Doce días después de la nuestra

(b) El 14 del mes judío de Nisán

(c) Unas cuatro o cinco semanas después de la nuestra

(d) La misma que la nuestra

(e) La misma que la Pascua judía

(f) ¿Quién sabe?

28. ¿Dónde encontramos la historia de la Pascua para poder chequear todas estas preguntas ridículas?

(a) Mateo

(b) Marcos

(c) Lucas

(d) Juan

(e) Solo a y c

(f) En a, b y c

(g) Solo b y d

29. ¿Cuánto de sus Evangelios dedicaron los escritores a la Semana Santa y la Pascua?

(a) Los últimos capítulos de cada libro

(b) La mitad de sus escritos

(c) Una tercera parte de sus escritos

(d) Un cuarto de sus escritos

(e) Ninguna de las respuestas anteriores

30. El día de Pascua fue designado feriado porque:

(a) Siempre cae un domingo

(b) La presión que ejerció el conejo de Pascua tuvo éxito

(c) Los chicos necesitan un descanso escolar

(d) La Pascua es el eje de la teología cristiana

(e) Es cuatro meses después de Navidad

31. Uno de los huevos más famosos fue:

(a) Dado por un zar ruso a su esposa en 1880

(b) Puesto por el conejo de Pascua original en 1776

(c) Rodando hasta el jardín de la Casa Blanca en 1952

(d) Uno grande de chocolate que llevó tres días comerlo en 1967

32. La costumbre de intercambiar huevos en Pascua proviene de:

(a) El antiguo Egipto

(b) Persia

(c) Europa medieval

(d) República Popular China

(e) a y b

(f) b y d

33. ¿Con qué otros días santos está asociado el Domingo de Ramos?

(a) Pentecostés y Miércoles de Cenizas

(b) Jueves y Viernes Santos

(c) Navidad y Epifanía

(d) Transfiguración

34. Las palabras bíblicas «Yo sé que mi redentor vive» fueron dichas por:

(a) Job

(b) Pedro

(c) Pablo

(d) Mateo

(e) El papa

(f) Billy Graham

35. Verdadero o falso: La cruz fue el instrumento de ejecución de criminales más común en la época del Imperio Romano. _____

36. La cruz era:

(a) Siempre en forma de t minúscula

(b) Una piedra de tropiezo

(c) Usada solo por paganos y gentiles

(d) Hecha con soportes de acero

(e) Quemada luego de cada uso

37. Génesis 14:14 ha sido interpretada como la predicción de la muerte de Cristo...

(a) Porque los parientes de Abraham fueron llevados cautivos

(b) Porque Dan era pariente de Jesús

(c) Debido a los trescientos dieciocho siervos

(d) Por error

(e) Perdón, no sé hebreo

38. Jesús fue acusado ante Pilato por los líderes judíos de:

(a) Evasión de impuesto

(b) Tomar el templo

(c) Alimentar a los cinco mil

(d) Ser cristiano

(e) Vender productos de limpieza

39. La Pascua es:

(a) Una época de desfiles

(b) Celebrada cada domingo del mes

(c) Una inspiración para cantar canciones cristianas

(d) El comienzo de un nuevo año de la iglesia

(e) El momento del año para vestir tus mejores ropas

40. Creo que este test:

(a) Resultó increíblemente simple

(b) Fue esclarecedor

(c) Nos hizo pensar

(d) Fue innecesario

(e) Todo lo anterior

Cuestionario de Pascua

INSTRUCCIONES:

Marca con una X si crees que la respuesta es bíblicamente correcta.

La mujer (o mujeres) que acudió (o acudieron) a la tumba fue (o fueron):

a) _____ María Magdalena y la otra María

b) _____ María Magdalena, María la madre de Santiago y Salomé

c) _____ María Magdalena, María la madre de Santiago, Juana y otras

d) _____ María Magdalena

La hora temprana de la mañana era:

a) _____ Cuando el sol había salido

b) _____ Cuando todavía estaba oscuro

En la tumba estaba (o estaban):

a) _____ Un ángel

b) _____ Un hombre joven

c) _____ Dos hombres

d) _____ Dos ángeles

La reacción de la mujer (o mujeres) fue de:

a) _____ Asombro, estupefacción

b) _____ Miedo y temblor

c) _____ Gran alegría

Luego de dejar la tumba, la mujer (o las mujeres):

a) _____ Le contaron a los discípulos

b) _____ No le dijeron nada a nadie

La primera reacción de los discípulos fue:

a) _____ No le creyeron a las mujeres, parecía un cuento

b) _____ Pedro y Juan fueron rápida e inmediatamente hacia la tumba

Jesús se apareció primero a los discípulos:

a) _____ En Galilea, en una montaña

b) _____ En un aposento alto en Jerusalén

Aparentemente, Jesús se apareció por último a los discípulos:

a) _____ En una montaña en Galilea

b) _____ En una montaña en Betania (o en las afueras de Betania)

c) _____ Junto al Mar de Tiberias

El don del Espíritu Santo fue dado a los discípulos:

a) _____ Antes de que Jesús ascendiera, en el aposento alto, cuando Jesús sopló sobre ellos

b) _____ Luego de que Jesús ascendiera, el día de Pentecostés

Tenemos muchos detalles acerca de la crucifixión y la muerte de Jesús. ¿Qué escritor de los Evangelios ofrece la mayor cantidad de detalles sobre la resurrección de Jesús? ¿Cuál describe mejor lo que sucedió cuando Jesús se levantó de la muerte?

a) _____ Mateo

b) _____ Marcos

c) _____ Lucas

d) _____ Juan

Cuestionario de Pascua

A continuación encontrarás un cuestionario corto y estupendo que puede ser utilizado en conjunto con un estudio bíblico sobre la Pascua, o simplemente para probar el conocimiento que tiene el grupo sobre la historia de la Pascua tal como se presenta en los Evangelios.

Las respuestas se encuentran en Mateo 28, Marcos 16, Lucas 24, Juan 20—21 y Hechos 1. En las preguntas de la 1 a la 9 todas las opciones son correctas, y en la pregunta 10 ninguna es correcta, dado que ninguno de los Evangelios describe la resurrección en sí de Cristo, sino solo lo que sucedió después. Este cuestionario puede dar pie a una buena discusión sobre las diferencias entre los relatos de los cuatro Evangelios y cómo las mismas pueden ser reconciliadas entre sí.

[ver hoja de actividades pag. 36]

—Tim Spilker

FILM

Film de Pascua

Esta es una forma fantástica de enseñar la historia de la Pascua, divertirse, confraternizar y tener para siempre un film de tu grupo de jóvenes (aunque también puede funcionar con cualquier historia bíblica).

Haz que el grupo cree un film sobre la Pascua. Pueden hacerlo usando el formato que deseen, con música, narración, actuación, etc. No es necesario que creen una producción dramática entera. El mismo grupo se encargará de buscar las locaciones para filmar y los materiales necesarios para el escenario, de hacer los disfraces o trajes, y de realizar las escenas. Asegúrate de que se incluyan los créditos al final. Este film se convertirá en un hermoso recuerdo.

Tómense todo el tiempo que necesiten para lograr lo que quieran hacer y filmen de nuevo si es necesario. El film puede mostrársele a toda la iglesia, en retiros espirituales y a muchos otros grupos.

—Audrey J. Frank

LECCIÓN CON OBJETOS

La semana de Pascua en un vistazo

Sobre una mesa en el centro del salón, exhibe varios de los objetos mencionados en la Biblia que nos cuentan sobre la última semana de Jesús en la tierra. Por ejemplo:

Frasco de perfume (de alabastro) — Mateo 26:6-13
Botella de vino — Mateo 26:26-30
Copa de vino — Mateo 26:26-30
Palangana (para manos y pies) — Mateo 26:36-46; Juan 13:1-11
Espada — Mateo 26:47-54
Látigo — Juan 19:1-3
Clavos grandes — Mateo 27:32-35
Dados — Mateo 27:32-35
Hojas de palmera — Marcos 11:1-8
Barra de pan — Mateo 26:26-30
Bolsa con treinta monedas plata — Mateo 26:14-16
Manos en oración (cerámica) — Mateo 26:36-46
Gallo (cerámica) — Lucas 22:60; Mateo 26:34-35
Corona de espinas — Mateo 27:27-31
Cruz — Mateo 27:32-35
Sábana (lino) — Mateo 27:57-61

Explícales a tus jóvenes que estos objetos (y otros que puedas agregar) fueron significativos durante la última semana de Jesús en la tierra. Luego pídele al grupo que reescriba la lista en el orden en que estos objetos fueron utilizados (de memoria, sin consultar sus Biblias). Después de darles un poco de tiempo, permite que compartan sus ideas, preguntas y el orden que le dieron a los objetos. Finalmente, anuncia los versículos específicos y haz que busquen y lean los pasajes.

Este ejercicio les dará a los jóvenes una impresión visual de los acontecimientos de la Pascua que nunca olvidarán.

—Barbara D. Farish

DISPARADOR

Meditación para el Viernes Santo

Lee la historia del Viernes Santo en Mateo 27:27-66 u otro pasaje paralelo. Luego haz que los chicos formen grupos de dos o tres personas y entrégale a cada grupo una hoja con una de las siguientes frases escrita en ella:

LA CUERDA QUE ATA
EL PUÑO QUE GOLPEA
EL MANTO
EL LÁTIGO
LA CORONA DE ESPINAS
LA CRUZ
LOS CLAVO S
EL MARTILLO
LA LANZA
LA TIERRA SOSTENIENDO LA CRUZ

LA TUMBA
LA ROCA TAPANDO LA TUMBA

Haz que los jóvenes escriban lo que piensan acerca de cómo debió haber sido durante el Viernes Santo ser el objeto descrito en la hoja. Por ejemplo: «Si hubieras sido el látigo que fue usado sobre Jesús y pudieras hablar, ¿cómo describirías tus sentimientos durante ese Viernes Santo?». Permite que puedan pensarlo durante treinta o cuarenta minutos, luego reúne al grupo de nuevo y haz que compartan lo que hayan escrito. Baja las luces para crear una atmósfera más apropiada y finaliza con una oración reflexiva que permita que afloren los sentimientos de los chicos.

—David Washburn

DISPARADOR

Búsqueda significativa de huevos

Entrégale a cada joven un huevo plástico y pídeles que lo llenen con algo que para ellos represente o simbolice el mensaje de la Pascua. Solicítales que traigan el huevo nuevamente para el domingo de Pascua y que los intercambien unos con otros como regalos. A medida que los van abriendo, permíteles que compartan por qué piensan que la persona eligió ese símbolo de la Pascua en particular. Los resultados pueden ser muy significativos.

DISPARADOR

Revuelto de Viernes Santo

Para un buen devocional de Viernes Santo, haz un listado de los siguientes sucesos de ese día (tal como están registrado en Mateo 27) y escribe cada frase en una hoja de papel (los versículos son solo para que tú los veas, no deben ser escritos en las hojas):

Jesús es llevado ante Pilato (vv. 1-20).

Judas se suicida (vv. 3-10).

Jesús es sometido a juicio ante Pilato (vv. 11-14).

¿Liberan a Barrabás o a Jesús? (vv. 15-26).

Los soldados se burlan y golpean a Jesús (vv. 27-31).

Simón de Cirene es obligado a ayudar a cargar la cruz (v. 32).

La crucifixión (vv. 33-35).

Los soldados echan suertes por la ropa de Jesús (v. 35).

Los espectadores se burlan de Jesús cuando está colgado (vv. 39-44).

Se oscurece al mediodía (v. 45).

«Dios mío, Dios mío, ¿por qué me has abandonado?» (v. 46).

Muerte de Jesús (v. 50).

El velo del templo se rasga en dos (v. 51).

José de Arimatea entierra a Jesús (vv. 57-60).

Antes de distribuir las hojas entre los chicos, pregúntales si pueden mencionar algunos de los sucesos específicos que ocurrieron durante ese primer Viernes Santo. Luego pídeles que pasen al frente tantos voluntarios como hojas tengas, y entrégale una a cada uno. Deja que los voluntarios intenten organizarse ellos mismos en el orden adecuado con la ayuda del resto del grupo, teniendo en cuenta el suceso que se le ha entregado. Algunos serán obvios, otros tendrán que pensarlos bien.

Cuando los chicos crean estar en el orden adecuado, lee Mateo 27:1-61. Mientras lees, permite que se reacomoden y corrijan los acontecimientos que no están en orden. Continúa con una charla acerca de lo que significa el Viernes Santo para cada uno. La actividad entera puede durar unos veinte a treinta minutos.

—Steve Allen

EVENTO

Experiencia de Jueves Santo

Esta es una manera excelente de ayudar a que la semana de Pascua sea más significativa para tus jóvenes. Haz que los chicos se reúnan el Jueves Santo, es decir, el jueves anterior a la Pascua, y que participen de las siguientes actividades:

1. Comienza con una cena en grupos pequeños en las casas de algunos familiares. Prepara una guía para una charla sobre lo que sucedió durante la última cena. Luego de la comida, haz que uno de los chicos guíe la charla alrededor de la mesa así como está, con las sobras de la comida y los platos sucios.

2. Encuéntrense en la iglesia (o en algún otro lugar) y que el grupo entero celebre la Santa Cena con todos los miembros de la iglesia si es posible.

3. Realicen un viaje corto a «Getsemaní». Este puede ser un lindo parque aislado, con árboles, arbustos, colinas, etc. Intenten experimentar de alguna manera los sentimientos y pensamientos que Jesús debió haber tenido en Getsemaní. Siéntense juntos en grupo y pídele a alguien que lea la historia de Getsemaní en la Biblia. Alguien puede cantar y otro también quizás pueda realizar una danza interpretativa.

4. Haz énfasis en que nosotros, como Jesús, también tenemos nuestros Getsemaníes. Pídele a algunos en el grupo que cuenten sobre algún momento difícil en sus

vidas en el que sintieron algo de lo que Cristo debió haber experimentado. Esto puede resultar muy impresionante.

5. Concluye el evento tomándose todos de las manos en un gran círculo y cantando canciones relativas a la Pascua.

—Kenneth Dunivant

Seder

El Seder es una comida durante la celebración de la Pascua judía que recuerda la liberación de los hebreos de la esclavitud en Egipto. Tu librería cristiana debe tener algún libro que registre las celebraciones judías con una explicación de la comida y los alimentos simbólicos utilizados en la ceremonia, y si no es así, busca la información en la Internet.

El Seder es una excelente forma de ayudar a tu grupo de jóvenes a unir nuestras herencias judía y cristiana. Es probable que haya sido la comida que los discípulos y Jesús celebraron en el aposento alto la noche que Jesús fue arrestado. Debe realizarse el Jueves Santo y puedes finalizarla con la Santa Cena según la tradición cristiana.

—Marge Clark

Reunión de Viernes Santo

A medida que los jóvenes van llegando al encuentro que preparaste para el Viernes Santo, reúnelos en varios grupos, tómales una fotografía e imprímela allí mismo. Luego pídele a cada uno que recorte su cara de la foto, la pegue en un trozo pequeño de papel negro con bordes rústicos, y le adhiera además un hilo rojo en la parte de atrás.

Haz de antemano una cruz de madera vieja llena de clavos y colócala en el frente del salón. Cuando llegue el momento de la reflexión, deja que los chicos se reúnan alrededor de la cruz y aten sus fotos a los clavos. Diles que los papeles negros representan nuestros pecados (las veces que hemos sido egoístas, hemos guardado rencor, no hemos actuado con amor). La fotografía nos muestra que a pesar de cómo lucimos en este momento, Cristo nos ve como vamos a ser gracias a él. El hilo rojo simboliza su sangre vertida el Viernes Santo, nuestra salvación y su invitación a ser transformados. Permite que los chicos compartan sus pensamientos acerca de todo esto. También podrías aumentar el efecto de la cruz

con luces de colores y la lectura de la historia de la pasión de Cristo.

Una idea adicional es incluir las fotografías de los chicos que no están asistiendo ya a la iglesia, como un recordatorio de que Jesús murió por todos, incluso por aquellos que hoy no están caminando cerca de él.

—David Washburn

Recreación de la última cena

Esta creativa reunión de adoración es mejor realizarla con jóvenes mayores al comienzo de la cuaresma (o incluso antes de Navidad con algunos ajustes).

Preparación del líder

1. Familiarízate con la secuencia general de los sucesos de la última cena (estudia Mateo 26:17-35; Marcos 14:12-31; Lucas 22:7-34 y Juan 13:1—17:26).

2. Haz los arreglos necesarios para contar con un salón (preferiblemente en un piso alto) con pocos muebles. Toma los recaudos para no ser molestado.

3. En el centro de la habitación coloca una mesa larga y baja donde todos puedan sentarse en el piso sobre almohadones. Ilumina el cuarto solo con velas o lámparas a kerosene.

4. Pídeles a algunos padres que preparen una sopa simple y liviana y panes redondos. Lleva también jugo de uva. Pon la mesa sin utensilios, solo un vaso de agua y un recipiente para cada participante. Deja un lugar vacío en la mesa para Jesús.

5. Vístete con ropas sueltas, imitando el atuendo de Jesús en el primer siglo. Prepara a los jóvenes para el encuentro diciéndoles solo que se vistan de forma casual y vayan preparados para una comida liviana.

Recreación histórica

1. Antes de que los jóvenes ingresen a la habitación, deben quitarse los zapatos. Pídeles que se imaginen a sí mismos como amigos muy cercanos de Jesús que están a punto de compartir su última comida en la tierra antes de su crucifixión.

2. Cuando entren en la habitación, dales la bienvenida a la fiesta de la Pascua judía y explícales sobre el lugar reservado para Jesús. Oren juntos que Jesús bendiga ese momento e inviten al Espíritu Santo a que potencie y guíe sus pensamientos. Pide que Jesús, el regalo de Dios, pueda ser real para todos.

3. Mientras comen, deja que los jóvenes cuenten lo que ya saben acerca de la fiesta de la Pascua judía (cuándo y por qué comenzó) y completa las ideas con la historia relatada en el Antiguo Testamento (en Éxodo 12). Lee Lucas 22:7-16 y conversen sobre quién estaba presente en la comida de Pascua que nosotros llamamos la última cena.

4. Conversa con ellos sobre lo que Jesús estaba a punto de sufrir. ¿Qué creen ellos que sintieron los que escucharon las palabras de Jesús? Crea un cuadro vívido.

5. Luego de la cena, ponte de pie, despójate de tu manto o capa y ajústate una toalla oscura alrededor de tu cintura. Llena una palangana con agua tibia y luego lava los pies de varios de los jóvenes. (Ofrece algunas pistas de antemano acerca de lo que harás de manera que ninguno se sienta demasiado incómodo. Avísale con anticipación a uno de los chicos que, como Pedro, se niegue a que le laves los pies hasta que tú insistas). Revisen juntos el propósito de Jesús al hacer esto y el significado del hecho de que el propio hijo de Dios escogiera el rol de un siervo.

6. Lee en voz alta Lucas 22:19-20 y Marcos 14:22-24. No te apresures, deja que lo que lees penetre en los corazones de los chicos.

7. Toma un pan redondo entero, envuélvelo en un paño rústico y sostenlo con cuidado, como se sostiene a un bebé, haciéndoles recordar al Hijo de Dios que vino a nosotros. Luego quita el paño del pan recordando cómo el mundo rechazó el regalo. Mientras levantas y sostienes el pan, como ofreciéndolo en sacrificio, pártelo a la mitad y cuenta cómo Jesús quiso morir, ser quebrantado como un sacrificio por nosotros.

Luego vierte un poco de jugo de uva en una copa. Mientras sostienes una mitad del pan, derrama algunas gotas del jugo de uva sobre el pan, recordándoles a los chicos que la sangre de Jesús fue derramada por nosotros. Finalmente, compartan la Cena de Señor pasando el pan partido y el jugo de uva alrededor de la mesa.

8. Vuelvan a conversar sobre el mensaje principal de Jesús a los discípulos (y a nosotros) tal como se encuentra en Juan 13:31—17:26.

Jesús dijo lo siguiente:

- Él sería glorificado.
- Él se iba y no podía ser seguido.
- Nuestro nuevo mandamiento más importante es amarnos unos a otros.
- Tenemos un lugar en el cielo.
- Él nos envía a su Espíritu Santo.
- Debemos dar fruto para Dios.
- Él hizo todo esto por nosotros para que nuestra alegría sea completa, como la suya.

Conversa con el grupo acerca de qué significa todo esto. Pregúntales cómo creen que respondieron sus amigos.

9. Enfatiza cómo Jesús oró por sus amigos más queridos (para que fueran mantenidos a salvo, unidos y siendo uno con Dios, dedicados al propósito del Señor y con derecho a todos los recursos y el poder que Dios ya le había dado a Jesús). Pregunta qué es lo que Jesús nos garantiza a través de esta oración.

10. Guía al grupo a que analice sus propias experiencias de la última cena. Ayúdalos a pensar sobre el regalo de Dios para nosotros, Jesús. Además, mediten en qué talentos y oportunidades hemos recibido personalmente de parte de Dios. ¿Cómo correspondemos a estos regalos? ¿El hecho de revivir esta conmovedora última cena con Jesús te hace pensar diferente sobre cómo estás correspondiendo o no a esos regalos de parte de Dios?

11. Cierra con una oración, pidiéndole al Espíritu Santo que nos siga hablando individualmente. Pide que los regalos de nuestro amoroso Señor Jesús puedan ser recibidos por todos y que él nos ayude a descubrir nuevas formas para llevar el amor de Dios a los de afuera, a un mundo necesitado.

12. Cuando los jóvenes dejen la habitación, ínstalos a que lo hagan en silencio, sin hablar, para que la experiencia pueda seguir penetrando más profundo en ellos.

Seguimiento

1. Durante las semanas que sigan, ora por cada uno de los jóvenes que participó, nombrándolos uno a uno. Pide que puedan reconocer la guía del Espíritu Santo y el desafío de Dios a partir de esta experiencia.

2. Entrégales cartas personales a cada uno, comprometiéndote con ellos y llámalos periódicamente.

3. Realiza una recreación histórica de la parábola de los talentos.

—Connie Hewett

ADORACIÓN

Globos de Pascua

Dado que la Pascua es un época festiva, ¿qué mejor manera de hacer que tu grupo sienta la alegría que decorando la iglesia, adentro y afuera, con cientos de globos? Átalos o pégalos en sillas, ventanas, puertas, barandas de escaleras y todos los lugares que puedas. Luego infla globos con helio e invita a tus jóvenes a que los suelten dentro de la iglesia. A la congregación le encantará.

—Chris Foley

REUNIÓN

Canastas de Pascua para retiros

Decora algunos contenedores de plástico utilizando hilos, cordones y cintas. Coloca tiras verdes de papel simulando pasto y llénalos de dulces caseros deliciosos y coloridos (galletitas, chocolates). Envíalos a retiros espirituales, hogares de ancianos, hospitales, etc.

—Deborah J. Nickel

TEATRO

El conejito bendito

La siguiente historia puede ser leída a tus jóvenes (o adultos) como una ilustración de cómo se ha secularizado la época de la Pascua. Luego de la historia continúa con preguntas adecuadas para establecer una discusión, como por ejemplo:

1. ¿Cuál es el sentido de esta historia?
2. ¿Cómo podemos los cristianos combatir la intromisión de las tradiciones seculares que le roban el verdadero significado a la Pascua?
3. ¿De qué maneras prácticas la resurrección de nuestro Señor puede ser afirmada en la Pascua?

[ver hoja de actividades pag. 42]

—Donald Musser

TEATRO

La Pascua en el noticiero

Aquí te proponemos una obra de teatro que en realidad es un bosquejo para una reunión de jóvenes al amanecer o un encuentro de Pascua, el cual puede ser conducido por los jóvenes para todo el cuerpo de la iglesia. Asígnales los papeles de los personajes a varios miembros del grupo. Los actores que participan deberán estudiar las escenas y los pasajes bíblicos que les corresponden, así como practicar los diálogos necesarios basados en los hechos de la Biblia. Es mejor ensayar la reunión completa un par de veces antes de su presentación. El contenido puede ser pulido durante el proceso del ensayo. Se necesitará alguien que guíe las canciones que interpretará la congregación entre cada segmento del noticiero. Algunos números musicales, no obstante, pueden ser solos, dúos o instrumentales.

No es necesario contar con elementos muy elaborados durante la actuación. La gente debe usar su imaginación. El diálogo es la parte más importante. Sí necesitarán un escritorio y una silla para el conductor, simulando a los que vemos en los noticieros por televisión. Como la idea es recrear la historia de la Pascua como un hecho actual, todos los que actúan deben vestirse con ropas contemporáneas, tal como nos vestimos hoy. Los reporteros pueden ir apareciendo en varios lugares alrededor de la habitación o la plataforma. Como el conductor presenta cada escena y la describe, no es necesaria demasiada escenografía ni elementos adicionales, pero deja fluir tu creatividad de acuerdo a los recursos con los que cuenten.

La reunión puede iniciarse con comentarios como este: «La conmemoración de este suceso histórico que presentamos esta mañana no es solo una reunión más al amanecer, sino confiamos en que va a ser utilizada por el Espíritu de Dios para ayudarlos a celebrar este gozoso acontecimiento. Lo que celebramos hoy ocurrió hace muchos años, sin embargo, ¿qué pasaría si estos sucesos hubieran tenido lugar hoy? ¿Qué habría pasado si Dios hubiera decidido revelarse a sí mismo a través de Cristo en nuestra generación? ¿Cómo hubieran sido reportados estos eventos a través de los medios? Ese es nuestro propósito en esta reunión».

[ver hoja de actividades pag. 44]

—Douglas Swank

TEATRO

En vivo desde Jerusalén

Presentado como un talk show de una estación de televisión en Jerusalén, esta obra de teatro de quince o veinte minutos tiene lugar poco tiempo después de la resurrección de Cristo. La escenografía es de talk show, simplemente con una silla acolchada para el presentador y quizás un sofá para los invitados.

[ver hoja de actividades pag. 45]

—Steve Fortosis

EL CONEJITO BENDITO

Sucedió la semana del 26 de marzo. ¡¡Wuuuuushhh!! La nave espacial se deslizó rozando el planeta Tierra y silenciosamente aterrizó a medianoche en un arbolado parque de la ciudad. Disfrazados de terrícolas, tres visitantes del espacio exterior desembarcaron para comenzar una semana de estudio de las prácticas religiosas en el tercer planeta del sistema solar.

El 1 de abril la misteriosa nave espacial retornó con los tres visitantes y sus cuadernos repletos de anotaciones. ¡¡Wuuuuuushhh!! Volaron de regreso al planeta Marte.

Al domingo siguiente, los tres viajeros leyeron sus reportes en la reunión del grupo de estudios religiosos que había patrocinado su viaje. Esto fue lo que dijeron:

«Amigos marcianos, aparentemente una nueva religión está arrasando al planeta Tierra. No sabemos el nombre ni el origen de esta religión, pero estamos seguros de que los conejos son los objetos de adoración. No se rían hermanos, es verdad. Los terrícolas no son tan avanzados como creíamos en un principio. Escuchen nuestra evidencia.

»El adoctrinamiento religioso en esta creencia en el "Conejito Bendito" comienza cuando nacen. Los bebés terrícolas aprenden muy temprano a identificarse positivamente con los conejitos. Son vestidos con adorables pijamas con forma de conejo y a menudo tienen imágenes de uno o más de estos lanudos animales en su pecho. Sus camas están pintadas con felices y juguetones conejitos, y no es poco común para un bebé terrícola dormir con un conejo de peluche. Luego, durante los primeros años, la identificación con los conejitos es fomentada a través de libros de cuentos con imágenes y los programas televisivos.

»A los cuatro años comienza la instrucción religiosa masiva a través de los programas matutinos de televisión. Los niños terrícolas se amontonan alrededor del aparato y miran dibujos animados de conejitos retratados en muchos y variados roles. Bugs Bunny es un conejo particularmente favorecido. Su frase más famosa es: "¿Qué hay de nuevo, viejo?". No estamos seguros del significado religioso de esta pregunta. En ocasiones se emiten programas especiales en los cuales un conejo juega un papel especial. En Alicia en el país de las maravillas, por ejemplo, un conejo loco corre jadeando y diciendo: "¡Llego tarde, llego tarde a una cita importante!". Estamos impresionados por los resultados de esta educación masiva. Los niños de la Tierra reciben una imagen totalmente positiva de los conejitos y no encontramos ni uno solo que no piense que los conejos son buenos, adorables y suaves. Han sido "bendecidos".

»Los adoradores del Conejito Bendito observan una semana sagrada cada semana del año. Se le llama la Pascua. Incluso aquellos que no se adhieren a la fe también participan en esta celebración festiva. Las tiendas promocionan sus artículos relacionándolos con los conejos, diciendo por ejemplo: "Nuestra nafta hará que su auto siga saltando", o "Ven de un salto hasta nuestra

imagen: Diseñado por Freepik.es

1

florería". Los chocolates con forma de conejitos se venden en todas partes y también se pueden ver coloridos globos con imágenes de conejitos volando alegremente.

»Vimos pueblos en miniatura poblados de conejitos de peluche en varias áreas comerciales. Al parecer son centros de adoración para niños. El mismísimo Conejito Bendito se aparece y se sienta en un hermoso trono. Los niños se sientan en su falda y hablan con él de forma vacilante e insegura. Observamos que los niños se atemorizan con esta experiencia y esto es muy bueno para los propósitos educacionales religiosos. Los marcianos deben tomar nota del hecho de que los terrícolas llevan su religión a los centros comerciales, donde las multitudes observan sus reuniones.

»Música, canciones y danzas también acompañan esta semana festiva y sagrada. Se dice que los adherentes más celosos practican una danza llamada "el salto del conejo".

»Debemos mencionar un aspecto colateral. Aunque la adoración del Conejito Bendito en sus muchas formas es ampliamente tolerada, un pequeño grupo de herejes se dirige hacia las afueras en el otoño y les disparan y matan a los conejos que ven. Cazan en grupo y utilizan animales depravados llamados "perros" para rastrear a las indefensas criaturas. Los más celosos dentro de este grupo de herejes comen conejos o hacen guantes con su suave pelaje. Un número creciente de terrícolas cree que el gobierno debería detener la matanza de los conejitos.

»En conclusión, digamos que valoramos profundamente la oportunidad de realizar este estudio y de reportarlo a ustedes, nuestros compañeros y miembros del grupo de estudio religioso aquí en Marte. Nuestra investigación nos convence todavía más de la validez de nuestra propia fe religiosa. Amigos, no debemos temer que haya una fe superior en la Tierra.

»Nuestra fe en el Señor Jesucristo, a quien adoramos aquí en Marte, no se ve desafiada de ninguna manera por esta nueva religión del Conejito Bendito que está arrasando al planeta Tierra. El hermano Gregorio, quien nos acompañó, se conmovió tanto al ver la difícil situación espiritual por la que atraviesan los terrícolas que quiso dar testimonio personal de su fe en nuestro Señor. Una docena de veces intentó iniciar un diálogo con los terrícolas, pero no obtuvo buenos resultados. En especial encontró una gran resistencia a creer en la resurrección, esa piedra principal de nuestra fe. Es tal como dijo San Paulinus: "Jesús es un escándalo y una ofensa para muchos".

»Cuando el hermano Gregorio compartió la buenas nuevas con un terrícola, este le dijo furiosamente: "Yo voy a la iglesia", y se fue. No sabemos lo que es una "iglesia", pero sea lo que sea este asistente no sabía nada acerca del Señor resucitado.

»Amigos, ustedes saben cuántas veces nos hemos preguntado si el Señor Jesús ha visitado también otros planetas del sistema solar además de Marte. Bueno, nuestros estudios demuestran una sola cosa. De acuerdo a los terrícolas que hemos conocido y con los cuales hemos hablado, es altamente improbable que nuestro Señor alguna vez haya visitado al tercer planeta del sistema solar».

2

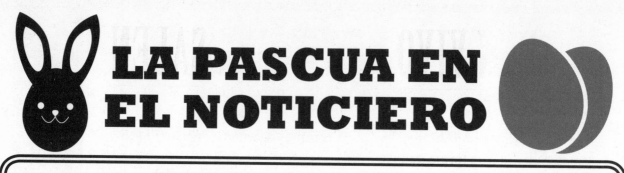

LA PASCUA EN EL NOTICIERO

1. Noti-Canal en el Jardín de Getsemaní. El conductor presenta las noticias del jueves por la noche. Entre otras cosas, reporta que «Jesucristo ha sido arrestado por un batallón romano. Vamos al Jardín de Getsemaní para un reporte. Adelante, por favor». Allí el reportero relata la historia de la traición y el arresto de Cristo, que ha tenido lugar hace algunos instantes (Mateo 26:47-57). La atención vuelve al conductor. (Se canta una canción alusiva.)

2. Noti-Canal en el Juicio. (Ya muy avanzada la noche del jueves.) El conductor da una noticia de último momento con respecto al juicio de Cristo. «Tenemos un reporte desde el recinto del sumo sacerdote, adelante, por favor». Un reportero de pie en el patio del sumo sacerdote da un informe del juicio (Mateo 26:59-68). El reportero luego identifica a Pedro y lo entrevista (Mateo 26:69-75). Volvemos al conductor principal con el juicio todavía en proceso. (Se canta una canción alusiva.)

3. Noti-Canal en el patio del gobernador Pilato. (Viernes por la mañana.) El conductor reporta que el juicio ha terminado. Jesús ha sido condenado a morir en la cruz y está siendo llevado ahora al Monte Gólgota. «Vamos al patio del gobernador Pilato para un reporte, adelante, por favor». El reportero entrevista a Pilato con relación al juicio, prestándole especial atención a sus sentimientos (Mateo 27:11-26). Luego de entrevistar a Pilato, el reportero encuentra a Barrabás, el criminal dejado en libertad en lugar de Cristo, y lo entrevista (Mateo 27:15-21). Volvemos al conductor principal. Este informa las últimas novedades sobre Judas, quien traicionó a Jesús (Mateo 27:3-5). (Se canta una canción alusiva.)

4. Noti-Canal en el lugar de la crucifixión. (Viernes por la tarde.) El conductor reporta que Cristo está en la cruz y comenta algunos de los extraños acontecimientos asociados con la crucifixión (Mateo 27:45-53). «Nos vamos al Gólgota para un reporte en vivo de la crucifixión». El reportero realiza una breve explicación sobre lo que ha ocurrido (Mateo 27:27-50). Luego entrevista al centurión (27:54) y a María Magdalena (27:55-56). Se necesita un poco más de imaginación para estas dos entrevistas debido a que hay poca información bíblica. (Se canta una canción alusiva.)

5. Noti-Canal en el lugar de la sepultura. (Sábado por la mañana.) El conductor informa que el cuerpo de Cristo ha sido bajado de la cruz y puesto en una tumba perteneciente a José de Arimatea (Mateo 27:57-60). «Uno de nuestros reporteros está en el sitio donde se halla la tumba, adelante, por favor». El reportero entrevista a algunos soldados que están ocupados en la entrada de la tumba (Mateo 27:62-66). (Se canta una canción alusiva.)

6. Noti-Canal en el lugar de la sepultura. (Domingo por la mañana.) El conductor informa un rumor de que la tumba en la cual Cristo fue sepultado está vacía. «Para un reporte más preciso, vamos al lugar del hecho, donde tenemos a un reportero siguiendo la situación». El reportero realiza una síntesis de lo que parece estar ocurriendo. Luego habla con María, María Magdalena, Pedro y Juan, quienes se encuentran juntos pensando qué es lo que le sucedió al cuerpo de Cristo (Mateo 28:1-7; Juan 20:1-10). También habla con los guardias, reunidos en otro grupo (Mateo 27:4, 11-15). Volvemos al conductor principal. Mientras este resume lo ocurrido, otro reportero interrumpe con un reporte de dos hombres que han visto a Jesús y han hablado con él (Lucas 24:13-35). Casi de inmediato otro reportero también interrumpe con un reporte de María Magdalena que ha visto a Cristo y hablado con él (Juan 20:11-18). (Canción alusiva.)

7. Comentario final sobre los sucesos del fin de semana a cargo del conductor. (Canción alusiva.)

imagen: Diseñado por Freepik.es

EN VIVO DESDE JERUSALÉN

PERSONAJES

(Con ropa actual o trajes del Medio Oriente; el reparto puede recortarse según se necesite.)

- Simeón Shavitz (presentador del talk show)
- **Bernardo** Goldberg (antes ciego)
- Pedro
- Lázaro

- Poncio Pilato
- María (madre de Jesús)
- Alberto Rosenthal (fariseo)
- Tomás
- Rashid (chico con el almuerzo)

Se escuchan aplausos (grabados o en vivo, motivados por un cartel que diga APLAUSOS mientras el presentador ingresa al escenario).

LOCUTOR: ¡¡En vivo desde Jerusalén, este es el show de Siiiiimeeeeeeóooooonnnn Shavitz!!

SHAVITZ: ¡¡Hola, hola!! Aquí estamos, nuevamente en Jerusalén, cuna de los benditos patriarcas y de los no tan benditos gruñones uniformados que el César tan amablemente nos envió... ¡Vaya! ¿Yo dije eso? ¡Bienvenidos de todos modos a este formidable espectáculo!
Estamos en vivo desde los Patios Exteriores, aquí en la Colina del Templo. ¡Y vaya si tenemos invitados controversiales esta noche! Diez días atrás un trabajador rural, y a veces un predicador callejero venido de Nazaret, fue ejecutado por los romanos. Poco después de su muerte surgieron rumores de que este Jesús de Nazaret había desaparecido de su tumba. Más extraño aún es el reporte sin fundamento de que resucitó; en realidad, alguno de sus seguidores afirman haberlo visto después de su muerte. Esta noche hemos reunidos tanto a seguidores como a escépticos, y quizás, solo quizás, descubriremos la verdad sobre todo esto.
Démosle la bienvenida a nuestra primera invitada, la madre del autoproclamado Mesías... ¡María! (aplausos).

SHAVITZ: Buenas noches, señora.

MARÍA: Buenas noches, Simeón.

SHAVITZ: ¿Cómo se siente al saber que ha criado a un hijo que resultó ser una figura tan increíblemente controversial?

MARÍA: Yo no le enseñé a ser controversial, solo ocurrió porque él es quien es.

SHAVITZ: ¡Ay! Y precisamente, ¿quién es él?

MARÍA: El Hijo de Dios.

SHAVITZ: Bueno, bueno, creo que usted ya me confundió. Está diciendo que usted, mmmm, estuvo con alguien... es decir, con el de arriba, el Rabí en el cielo y... ¡vaya!

MARÍA: El nombre de mi esposo es José. Pero antes de que nos casáramos, Dios me dio un hijo, su Hijo.

SHAVITZ: Seguro, de acuerdo, eso aclara todo (risa nerviosa). Bueno, para continuar, sea como sea, sinceramente siento mucho que su hijo tuviera que morir de la forma en que lo hizo. Nuestros tiranos importados de pacotilla no tienen por qué levantar una mano contra ningún judío, sea un Dios o un fraude.

MARÍA: Bueno, le agradezco por sus condolencias. De todos modos, creo que él quería que quedara claro que murió para que nosotros podamos vivir.

SHAVITZ: (Mira a María sin hablar por un momento, luego se pone de pie y la conduce fuera del escenario.) Buuuueeeenoo. Está bien, tenemos un montón de invitados esperando esta noche, por lo tanto tendremos que concluir nuestra placentera charla ahora mismo. Gracias por venir, María (aplausos).

A continuación tenemos a un hombre que afirma haber sido ciego, pero ya no lo es más. Él dice que Jesús lo sanó. ¡Démosle la bienvenida a **Bernardo** Goldberg! (aplausos mientras Goldberg camina sobre el escenario y toma asiento). Así que usted dice que Jesús lo curó.

GOLDBERG: Exacto.

SHAVITZ: ¿Y cómo ocurrió?

GOLDBERG: Escupió en la tierra e hizo un poco de barro. Esto es lo que mis amigos me dicen, yo no podía ver nada todavía, por supuesto. Luego untó ese barro sobre mis ojos y me dijo que fuera a lavarme a un estanque.

SHAVITZ: ¡Vaya! ¡Mi esposa se pone barro en la cara, pero nunca supe que eso pudiera curar la ceguera!

GOLDBERG: Puede, si Jesús es el que lo hace.

SHAVITZ: (Pausa incómoda.) Oímos que lo fariseos te echaron de la sinagoga por creer en este Jesús.

GOLDBERG: Oyeron bien. Y eso no es lo único que hicieron como resultado de sus celos.

SHAVITZ: Bueno, dejaremos que ellos contesten por sí mismos, porque nuestro próximo invitado es uno de los principales fariseos del Sanedrín. (Goldberg se levanta para retirarse.) ¡Démosle la bienvenida ahora a un peso pesado, el fariseo Alberto Rosenthal III! (Rosenthal entra y mientras se cruza con Goldberg camina altivamente alrededor de él, mirándolo con detenimiento. Luego se sienta.)

SHAVITZ: Digamos que ustedes no se comportaron exactamente como unos bebés de pecho con este nazareno ingenuo, ¿eh?

ROSENTHAL: Si usted pasara por alto su herético delirio de grandeza, sus enseñanzas utópicas y su deseo de morir como una deidad, probablemente podría llevarse bien con él.

SHAVITZ: ¡Oiga, pero usted se olvida de que toda la gente en este lado del Mediterráneo está hablando de su bondad, sus milagros, su misericordia!

ROSENTHAL: Su bondad fue muy astuta, sus milagros fueron pura magia y su misericordia solo engañó a las multitudes. Además, los escritos de los profetas concuerdan en que el verdadero Mesías nacerá en Belén. Jesús era de Nazaret. El Mesías nos liberará de nuestros opresores, y este Jesús fue sin luchar a su propia crucifixión. No podría haber salido por sí mismo ni siquiera de una bolsa, mucho menos de una tumba sellada.

SHAVITZ: Sus seguidores dicen que está vivo nuevamente.

ROSENTHAL: (Levanta los ojos y suspira ruidosamente.) Otra mentira. Sus seguidores robaron el cuerpo de la tumba y lo escondieron.

SHAVITZ: Hay algunos escépticos, Rosenthal. ¿Cómo evadieron a la guardia romana, entraron a una tumba sellada, pues usted conoce tan bien como yo el tamaño de este tipo de puertas de piedra, y volvieron a salir con el cuerpo delante de los guardias?

ROSENTHAL: Con sobornos, obviamente.

SHAVITZ: Seguro, porque todos nosotros sabemos los millones de denarios que ganan los pescadores en su fragante trabajo. Bueno, gracias por haber venido al show. (Aplausos mientras Rosenthal se pone de pie y se retira.) Y hablando de pescadores, esperemos que hayan dejado su aroma laboral en casa, porque aquí están dos de los verdaderos discípulos de Jesús. ¡Pedro y Tomás! (Aplausos mientras Rosenthal se levanta y Pedro y Tomás entran. Luego de oír quiénes vienen después de él, Rosenthal menea su cabeza y deja el escenario.)

SHAVITZ: Bueno Pedro... ¿o debería llamarte Rocky? Te ves terriblemente feliz, teniendo en cuenta que has perdido a tu rabino. Por cierto, ¿qué es todo eso del cuerpo robado?

PEDRO: Yo sé que es difícil de creer, pero créame de todas formas: Jesús no está muerto. Yo mismo lo he visto.

SHAVITZ: De acuerdo, Pedrito, la confesión es buena para el alma. ¿Qué más viste en la fiesta del opio?

TOMAS: Yo tampoco lo creía, Simeón. Sin embargo, después vi a Jesús con mis propios ojos, incluso toqué sus cicatrices.

SHAVITZ: ¡Por el amor de Osiris! Ustedes, chicos, están haciendo de este Jesús una especie de dios. ¡Vamos, por favor!

PEDRO: Si no hubiéramos sido tan tontos en su momento, habríamos escuchado lo que el propio Jesús dijo, que lo iban a matar, pero volvería a vivir. Y está lo suficiente vivo como para acabar con una mala semana de pesca que me había hecho atrasar en el pago de mi hipoteca. Ahora me puse al día gracias a él.

SHAVITZ: Entonces, ¿todavía son pescadores en lugar de ganar dinero yéndose de gira con sus predicaciones? Ya saben: "¡El discípulo del Mesías judío le enseña cómo multiplicar sus panes y sus peces!".

PEDRO: Seguimos pescando, pero no es la clase de pesca que usted tiene en mente.

SHAVITZ: Bueno muchachos, tenemos que seguir. No obstante, ¿por qué no se quedan por aquí? Ustedes conocen a la persona que viene ahora. ¡Ven aquí Lázaro! (Aplausos mientras entra Lázaro.) No podríamos hablar de resurrección sin conversar con un reconocido experto en la materia. ¡Lázaro asegura

que él resucitó de la muerte también! Eres uno de los pocos elegidos, Laz. ¿Eso significa que tú también eres el Hijo de Dios?

LÁZARO: ¡No! ¡¿Qué es lo que dices?! La diferencia es que yo era una persona sin esperanza, no había manera de que me resucitara a mí mismo. Si Jesús no hubiera venido, yo todavía estaría muerto. Jesús se resucitó a sí mismo de la muerte, por su propio poder, algo que yo jamás podría haber hecho.

SHAVITZ: ¿Y de dónde viene su poder?

LÁZARO: Él es el Hijo de Dios, por lo tanto, tiene todo el poder de Dios.

SHAVITZ: (Inclinándose hacia delante, mirando fijamente a Lázaro y poniéndose serio por un momento.) ¿Tú en realidad crees que este tipo es Dios?

LÁZARO: Sí. Lo comprobé al observar sus milagros, su vida perfecta, sus enseñanzas, su resurrección.

SHAVITZ: Espera un momento. ¿Cómo es que su resurrección prueba que él era Dios?

LÁZARO: Si él fuera solo un hombre, como tú o yo, todavía estaría muerto.

SHAVITZ: ¡Ay! ¡La cosa se está poniendo densa por acá! (risas nerviosas). De cualquier modo, tenemos aquí esperando para entrar a alguien que quizás sea el seguidor más joven de Jesús. Bienvenido, Rashid. (Aplausos mientras Rashid se une a los demás en el escenario.)

SHAVITZ: Así que tú eres el chico que le dio su almuerzo a Jesús.

RASHID: ¡Sí!

SHAVITZ: ¿Qué fue lo que ocurrió? ¿Los discípulos se quedaron sin pan y mantequilla, entonces tú saliste al rescate?

RASHID: Jesús no tenía comida para esa gran multitud, así que yo le di mi almuerzo.

SHAVITZ: ¿Qué tan grande era esa multitud exactamente?

RASHID: Los adultos dicen que allí había más de cinco mil personas.

SHAVITZ: ¡Yo he escuchado sobre muchachos que comen mucho, pero esto es ridículo! ¿Cuánta comida te da tu mamá para el almuerzo?

RASHID: Todo lo que tenía eran cinco panes y dos pescados.

SHAVITZ: Jesús debe haber rebanado esos panes bien finitos, ¿no?

RASHID: ¡Oh, no! Todos comieron hasta saciarse por completo. En realidad, después recogieron un montón de comida que había sobrado.

SHAVITZ: Bueno, niño, tú eres uno de los mentirosos más grandes de por aquí o este Jesús era un mago de primera línea. ¡Como sea! Quiero agradecerles a ti y a Laz por venir al show (aplausos). Nuestro último invitado es el adulón del César de estos alrededores, el hombre que no pudo dar una sentencia decisiva en contra de Jesús, por lo cual se lavó las manos de todo este asunto y dejó que la multitud incitara a los soldados para hacer el trabajo sucio. Para mí es un romano. ¡Vaya! ¿Por qué este tipo no se lava las manos con respecto a la mismísima Judea y se va a su casa? Es una broma. Démosle a Poncio Pilato una gran bienvenida. (Aplausos mientras los otros invitados se van y entra Pilato.)

PILATO: Cuidado Shavitz, sigue hablando así y te haré arrestar por traición. Mi guardia personal está afuera de tu estudio en este momento.

SHAVITZ: Es solo por el rating, gobernador Pilato, todo tiene que ver con el rating. No hubo mala

intención. ¿Quedó satisfecho con la forma en la que terminó todo el escándalo de Jesús?

PILATO: (Se pone cómodo, cruzando las piernas.) Te diré una cosa: me he tomado una tonelada de pastillas para dormir desde el día de la crucifixión. No puedo sacarme a ese tipo de la cabeza. Todavía me asedia día y noche.

SHAVITZ: Culpa, supongo.

PILATO: Bueno, sí, me siento culpable, pero ya no hay nada que pueda hacer al respecto. La noche anterior a la que fue traído para el juicio, mi esposa tuvo una terrible pesadilla sobre ese hombre y me advirtió que lo dejara en paz. Sin embargo, yo tenía que hacer lo que hice... no podía arriesgarme a un disturbio masivo.

SHAVITZ: Estamos casi sin tiempo, gobernador. Una última pregunta. ¿Usted cree que hay algo de credibilidad en el rumor de que Jesús ha vuelto a vivir?

PILATO: (Se muestra pensativo y atribulado, casi como si hablara consigo mismo.) No lo sé... a veces creo que casi todo es posible con este hombre... todavía puedo verlo mirándome a los ojos, aún puedo oírlo diciendo que yo no tengo una verdadera autoridad... no lo puedo olvidar, simplemente no puedo alejar de m mente a de ese hombre. (Baja su cabeza y se cubre la cara con sus manos. Se oscurece la escena.)

VOZ EN OFF: Yo soy la resurrección y la vida. El que cree en mí vivirá, aunque muera; y todo el que vive y cree en mí no morirá jamás. (Juan 11:25-26).

FIN

La noche antes de la Pascua

Aquí te proponemos una obra corta que puede ser utilizada como apertura para la clase del día de Pascua en la Escuela Dominical o para reforzar cualquier reunión en esta época del año. En ella se bosqueja una conversación entre Pedro y Juan en una habitación donde se están escondiendo la noche anterior a la resurrección. El diálogo se enfoca en la amargura de Pedro por haber negado a Jesús y en cómo ahora ya no puede enmendar las cosas con el Señor, porque él está muerto.

Para que la obra tenga un mayor efecto debe ser memorizada. Puede representarse seguida de un estudio bíblico acerca del perdón y de cómo Jesús está deseoso y es capaz de perdonarnos cuando sentimos que lo hemos decepcionado. Enfócate especialmente en Juan 21:15-19.

[ver hoja de actividades pag. 50]

—BRIAN FULLERTON

El otro lado de la tumba

Prueba esta versión moderna de la historia de Pascua. No es muy apropiada para una reunión solemne, pero sí es una forma genial y creativa de presentar una historia que ya es demasiado familiar para todos en un encuentro más informal. Además, brinda muchas posibilidades de generar buenas charlas o debates posteriores.

[ver hoja de actividades pag. 52]

—BILL CALVIN

LA NOCHE ANTES DE LA PASCUA

PERSONAJES: Pedro, Juan

Pedro y Juan están acostados en el piso durmiendo. De repente, Pedro comienza a dar vueltas y a retorcerse mientras mascula: «¡Lo siento, Maestro, lo siento!». Mientras más vueltas da y más se retuerce, más alto comienza a gritar, hasta que de golpe se sienta, mitad despierto, mitad dormido y sudando.

PEDRO: (Casi histérico) ¡Lo siento, Maestro! ¡Lo siento! (Esconde la cara entre las manos y solloza.) ¡Lo siento mucho, mucho! (Juan se despierta con el ruido. Se estira y toca el brazo de Pedro.)

JUAN: ¿Qué te ocurre, Pedro? ¿Cuál es el problema?

PEDRO: Tuve una pesadilla horrible. Perdón si te desperté.

JUAN: (Somnoliento, con una risa ahogada.) Creo que no estaba muy dormido. Estoy cansado, pero el sueño no viene fácilmente esta noche.

PEDRO: Sí, mi sueño también ya de por sí es lo suficiente liviano e irregular como para que además ahora tenga pesadillas.

JUAN: ¿Qué son esas pesadillas que estás teniendo?

PEDRO: Es la misma una y otra vez. Estoy parado en el patio de la casa del sumo sacerdote. Miro hacia una ventana y puedo ver al Maestro observándome. Tiene la mirada más triste que alguna vez haya visto en él. Yo sé que lo he negado, pero cuando trato de disculparme, él vuelve su cabeza... (Con la voz quebrada.) Yo lo negué, Juan. Juré que no lo conocía a pesar de que había prometido estar a su lado pasara lo que pasara.

JUAN: Creo que entiendo lo que sientes, Pedro.

PEDRO: (Confuso, desconcertado.) ¿Cómo puedes entender lo que estoy sintiendo? Tú permaneciste fiel a él hasta el final. Te mantuviste de pie frente a la cruz junto a su madre. ¡Él te habló! ¿De qué manera lo negaste?

JUAN: Esconderme aquí en esta habitación contigo, ¿no es acaso una forma de negarlo? Quizás no lo traicioné con palabras, pero lo que estoy haciendo habla por sí mismo.

PEDRO: (Más relajado.) Perdóname, Juan. Yo sé que esto ha sido duro para todos nosotros. Lo que sucede es que yo siempre le traje al Maestro alguna clase de problema. ¿Recuerdas cuando traté de evitar que viniera a Jerusalén? ¡Él me llamó Satanás! ¿Y cuando saqué mi espada en el huerto? Me reprendió. Juré que daría mi vida por él si fuera necesario, pero cuando llegó el momento, lo negué y huí. Le he fallado una vez y otra vez, Juan, y ahora él está muerto y no puedo arreglar esta situación.

JUAN: Estoy seguro de que todos quisiéramos haber actuado diferente. ¿Cómo crees que me siento? Me dejó a cargo de su madre, pero, ¿cómo puedo cuidarla si los soldados seguramente estarán buscándonos en poco tiempo?

PEDRO: El presente no me preocupa, Juan. Yo estoy pensando en el futuro. ¿Recuerdas lo que nos dijo el Maestro? Que si alguno lo negaba a él delante de los hombres, él nos negaría delante del Padre. ¿Cómo puedo ir por la vida con la culpa de haberlo traicionado? Yo quería defenderlo, pero temí por mi vida. Ahora ese miedo puede costarme la eternidad. (Los dos permanecen sentados en silencio por unos momentos.)

JUAN: Estos últimos días me han dejado confundido. Él estaba todo el tiempo diciéndonos que iba a morir, pero nunca pensé que iba a ocurrir tan pronto. ¿Qué crees que será de nosotros ahora que se ha ido?

PEDRO: Él mismo nos dijo que podíamos esperar que nos trataran de la misma forma en que lo trataron a él. Me temo que pronto nos uniremos al Maestro.

JUAN: Quizás resucite de la muerte como lo prometió. Lo vimos resucitar a Lázaro. Sin embargo, ¿podría tal vez resucitarse a sí mismo?

PEDRO: Espero que lo haga por tu bien, Juan. Pero aun si volviera, me temo que nuestra amistad nunca volvería a ser lo mismo debido a lo que he hecho.

JUAN: Él era un hombre lleno de perdón, era comprensivo, Pedro. Estoy seguro de que te perdonaría.

PEDRO: Eso quizás sea cierto, Juan. No obstante, ¿cómo podría yo alguna vez perdonarme a mí mismo? (Los dos permanecen en silencio de nuevo. Juan fija la mirada en la nada por un instante, como si estuviera pensando. Luego, una sonrisa surge en su cara.)

JUAN: Sin duda fueron tres años maravilloso, Pedro, ¿no es cierto? Todo lo que dijo e hizo está tan vívido en mi mente, que creo que nunca lo olvidaré. Lo que más recuerdo es cómo nos amaba; podía sentir ese amor muy fuertemente aun cuando no estuviera allí. (Mira tristemente al piso.) ¡Lo amaba tanto! Nunca tuve un amigo mejor.

PEDRO: Sí, él era un hombre sin igual, un buen amigo, nuestro Maestro. Bueno, deberíamos intentar dormir un poco. Solo Dios sabe lo que mañana sucederá con nosotros dos. (Los dos se acuestan, pero ninguno cierra los ojos. Permanecen en silencio por unos momentos.)

JUAN: Pedro, una vez tú dijiste que él era el Mesías. ¿Todavía lo crees?

PEDRO: Sí, lo creo. ¿Pero el hecho de creerlo lo traerá nuevamente?

FIN

EL OTRO LADO DE LA TUMBA

Personajes

- Cuatro guardias: Luis, **Bernardo**, Marcos y Norman
- Sumo sacerdote Caifás
- Sumo sacerdote Anás

Accesorios

- Bolsas de dormir para los guardias
- Dos trozos de madera y un poco de leña
- Caja de fósforos
- Caja de cereales
- Calzado deportivo nuevo
- Escritorio
- Dos sillas
- Dinero de juguete

Escena 1

Cuatro guardias están roncando mientras duermen frente a la tumba de Jesús. Se despiertan sin prestarle ninguna atención a la tumba.

LUIS: (Se despierta, se frota los ojos, bosteza y se despereza.) ¡Ay! ¡Hace mucho frío aquí afuera! Mejor hago un fuego. (Comienza a frotar dos trozos de madera, junta leña y hojas y sopla en ellas para hacer fuego.)

BERNARDO: ¡Oye! ¿Qué estás haciendo, Luis?

LUIS: Estoy poniendo en práctica todo lo que aprendí en mi entrenamiento con los niños exploradores.

BERNARDO: Olvidaste los fósforos de nuevo, ¿eh? (Se levanta, va hacia una mochila y toma una caja de fósforos.) Aquí tienes. (Le arroja los fósforos a Luis.)

MARCOS: (Despertándose.) ¡Vaya! ¿Por qué hay tanto ruido?

LUIS: (Con mal humor.) Estoy tratando de encender un fuego para hacer el desayuno.

MARCOS: No te preocupes por mí, yo ya tengo listo el mío. (Muestra una caja de cereales y comienza a preparar su propio desayuno.)

NORMAN: (Quien para este entonces ya se había despertado.) ¿Qué se está quemando?

LUIS: La leña, probablemente.

NORMAN: (Caminando hacia el fuego.) No, no. Huele como si se estuviera quemando algo podrido (pausa).

BERNARDO: ¡Es solo tu imaginación!

MARCOS: No, yo también huelo algo ahora.

LUIS: ¿Qué es lo que está allí en el fuego? (Introduce un palo en la fogata y saca una zapatilla nueva.)

NORMAN: ¡Eso con lo que estuviste avivando el fuego son mis Reebok nuevos, idiota! ¡Te voy a estrangular...! (Esto último lo dice mientras persigue a Luis alrededor del fuego. Luis se cae y se abraza a las rodillas de Norman, rogando clemencia.)

LUIS: Por favor, Norman. ¡Ten piedad de mí!

BERNARDO Y **MARTÍN:** Sí Norman, déjalo en paz.

(Recién entonces, Norman se da cuenta de que la tumba está vacía. Con los ojos fuera de órbita, empieza a gritar.)

NORMAN: ¡Miren! ¡La tumba! ¡Está vacía!

TODOS: Estamos en problemas.

MARTÍN: Nos despedirán a **todos**.

LUIS: (Llorando.) Voy a perder mi pensión y solo me quedaban tres años para retirarme.

BERNARDO: No te sientas mal. Yo tengo que pagar una casa y la matrícula de un hijo que estudia medicina en la Universidad de Jerusalén.

NORMAN: ¿De qué están hablando muchachos? No es nuestra culpa que la tumba esté vacía. Jesús debe haber realmente resucitado de la muerte, tal como lo predijo.

LUIS: ¿Qué te hace decir eso, Norman?

NORMAN: Bueno, esa roca... está movida. ¿Quién creen que la movió? ¿El hada de los dientes?

MARTÍN: (Mirando enojado a **Bernardo**.) Seguro que nos dormimos durante un terremoto.

BERNARDO: Bueno, no me mires a mí, yo no sé dónde está Jesús.

LUIS: Bueno, si no es nuestra culpa que él no esté, vayamos al cuartel general y digámosles a los sumos sacerdotes que avisen que estamos en una emergencia.

TODOS: ¡De acuerdo!
(Toman las bolsas de dormir, apagan el fuego, y recogen sus cosas mientras se cierra el telón.)

Escena 2

Los sumos sacerdotes Caifás y Anás están en una habitación con un escritorio y sillas, representando el recinto de los sumos sacerdotes. Entran los cuatro guardias.

CAIFÁS: (Habla frenéticamente.) ¿Qué están haciendo ustedes aquí? ¡Se supone que deben estar en la tumba!

LUIS: (Despreocupado.) No hay nada que cuidar allí, Jesús se ha ido.

ANÁS: (Muy excitado.) ¡¿Se ha ido?! ¡¿A dónde se ha ido?!

MARTÍN: Norman cree que Jesús ha resucitado de la muerte, tal como predijo que lo haría.

ANÁS: ¡Tontos! No podemos dejar que la gente crea que Jesús volvió de la muerte. ¡Piensen en

lo que eso le haría a nuestra religión y, aun más importante, a **todos** nuestros empleos! ¿Quién va a dar dinero al templo si creen que hay un salvador resucitado?

BERNARDO: Bien, ¿qué es lo que quiere que hagamos?

CAIFÁS: (Volviéndose hacia los guardias.) Vean, ¿quién más sabe que Jesús resucitó de la muerte?

TODOS LOS GUARDIAS: Nadie

CAIFÁS: (Frotándose las manos.) Muy bien. Esto es lo que vamos a decirle a la prensa: "No conocemos el paradero del cuerpo de Jesús de Nazaret, ya que mientras los guardias dormían, sus discípulos se lo robaron".

NORMAN: Eso no está bien. Si estábamos durmiendo, ¿cómo sabemos que sus discípulos robaron el cuerpo?

ANÁS: (Irritado.) Mira Norman, estamos haciendo esto por ustedes y nosotros. Esta declaración no solo salvará tu empleo, sino que también te hará rico.

NORMAN: (Sarcásticamente.) ¿Cómo?

ANÁS: (Saca un fajo de billetes.) Este dinero es para ti si puedes guardar nuestro pequeño secreto. ¿Hay alguien que lo quiera muchachos?

BERNARDO: (Ávidamente se mete el dinero en el bolsillo.) Tengo un hijo estudiando medicina.

LUIS: Yo necesito un poco de dinero extra para mi retiro (se guarda el dinero en su bolsillo).

MARTÍN: A todo el mundo le encanta el dinero.

NORMAN: (Habla firmemente.) Sí, pero el dinero nunca trajo a un hombre de vuelta de la muerte. (Se va dejando a los demás parados en la habitación, sin habla y con la boca abierta.)

FIN

Si creías que tu mamá ya había encontrado todos los usos posibles para el pavo de Acción de Gracias (picadillo de pavo, estofado de pavo, sándwiches de pavo, sopa cremosa de pavo), espera a ver todos estos juegos que diferentes líderes de jóvenes han «cocinado» para ti. Nunca volverás a considerar al pavo de la misma manera. Además de juegos, también encontrarás ideas para proyectos artísticos, obras teatrales, excursiones, fiestas, proyectos de servicio y lecciones bíblicas, todo relacionado con esta época del año.

JUEGO

Decora el pavo

En conmemoración de Acción de Gracias, puedes realizar una pequeña competición para ver qué grupo es el mejor intentando hacer que los chicos luzcan como pavos. Divide al grupo en tres o cuatro equipos. Entrégale a cada uno una bolsa con un par de medias de nylon viejas, un rollo de papel higiénico, tijeras, cinta adhesiva, papel crepé o tisú, papel de diario y cualquier otra cosa que creas que pueda contribuir a que una persona luzca como un pavo. Fija un límite de tiempo y explícales a los chicos qué es lo que deben hacer. Luego divide el salón a fin de que cada equipo tenga un sector para trabajar. Una vez cumplido el tiempo, haz que todo el grupo juzgue a los «pavos» y determine al ganador a través de aplausos.

—Ron Wilburn

JUEGO

Vida de pavo

Esta carrera de relevos es ideal para hacerla sola o incluirla en una fiesta de Acción de Gracias. Sin embargo, este no es un relevo típico, ya que los equipos van pasando de estación a estación.

Estación 1: Viste al pavo. Tal como hiciste en el juego anterior, «Decora el pavo», prepara la suficiente cantidad de accesorios para poder vestir a un pavo humano (medias de nylon, restos de naranjas, picos, guantes de goma, etc.). Los equipos eligen a un miembro para ser el pavo y luego vestirlo. Cada pavo debe ir «pavoneándose» hasta la próxima estación seguido de su equipo.

Estación 2: Alimenta al pavo. Los equipos deben tomar una cierta cantidad de palomitas de maíz y el pavo debe comérselas todas, haciendo mucho ruido entre bocado y bocado.

Estación 3: El pavo herido. El equipo construye una pirámide y el pavo debe saltar alrededor de ella en un solo pie.

Estación 4: Huevos de pavo. Cada equipo infla seis globos. El pavo debe reventar todos los globos sentándose sobre ellos.

Estación 5: El pavo volador. Cada equipo toma a su pavo y entre todos los elevan muy alto y lo llevan por un circuito predeterminado mientras el pavo despliega sus alas y simula volar.

Estación 6: Música de pavo. Cada equipo compone una canción que describa la vestimenta del pavo. Luego todo el equipo la canta.

Estación 7: Dispárenle al pavo. Un miembro de cada equipo le «dispara» al pavo con una cámara fotográfica. El equipo toma al pavo, lo lleva hasta la línea de finalización del recorrido y lo prepara para la cena de Acción de Gracias, es decir, lo desviste.

—Stephen May

APLICACIÓN

Graffiti de Acción de Gracias

Pídeles a algunos jóvenes que cuelguen una gran hoja de papel blanco en una zona bien transitada de la iglesia. El pastor debe anunciar que luego de la reunión todos están invitados a escribir o dibujar algo que represente por qué están agradecidos. Los jóvenes estarán preparados con muchos bolígrafos, marcadores, crayones y lápices de colores para que la gente los utilice. Si esto se hace los primeros días de noviembre, el graffiti puede ser expuesto en un lugar importante a fin de que todos recuerden todas las razones que tenemos para estar agradecidos.

—Keith Wise

Demos gracias

La época de Acción de Gracias es un buen momento para enseñarles a los chicos a ser agradecidos por las bendiciones espirituales que Dios nos da. Este ejercicio puede ser un buen disparador para conversar sobre la importancia de mostrar agradecimiento por las cosas que sugieren cada una de las respuestas. (Las claves están basadas en la NVI.)

[ver hoja de actividades pag. 59]

RESPUESTAS

```
         PRUEB A S
             G RACIA
       ESPÍ R ITU SANTO
      BUEN A S NUEVAS
             D ON
          R E INO
      SALVA C IÓN
          H I JO
         TO D O
        N O MBRE DE JESÚS
```

—Bert Jones

Diversión enlatada

Planea una noche de diversión grupal para la cual la entrada sea una o más latas de comida que luego serán entregadas a las familias necesitadas. También consigue una buena cantidad de latas vacías. Divide al grupo en varios equipos y organiza numerosas y divertidas actividades totalmente «enlatadas», como por ejemplo:

Recolección de latas: Cada equipo gana un punto por cada lata que los chicos hayan traído.

Castillo de latas: Cada equipo compite para ver quién arma el mejor castillo de latas o la torre más alta, utilizando solo las latas que ellos han traído.

Bowling con latas: Para cada equipo, coloca diez latas vacías que harán las veces de «pinos» de bowling. Deberán intentar derribar la mayor cantidad de latas posibles con una pelota de béisbol u otra similar. (A cada participante le corresponde un tiro.)

Tiro a la lata: Arma una pirámide de seis latas vacías para cada equipo. Los participantes intentarán tirar la mayor cantidad de latas utilizando una pelota de plástico. (A cada participante le corresponde un tiro.)

Fútbol con la lata: Esta es una carrera de relevos en la cual los jugadores deberán ir pateando una lata vacía a través de un determinado circuito.

Enlatar la moneda: Esta es otra carrera de relevos. Los participantes deben colocar una moneda entre sus rodillas e ir saltando hasta el otro lado de la habitación en donde habrá una lata vacía. Allí deberán dejar caer la moneda dentro de la lata y volver a donde está su equipo.

Regalo enlatado: Un participante de cada equipo debe envolver con papel de regalo una lata, utilizando solamente una mano (la otra debe permanecer detrás de la espalda). Gana puntos el que realiza el mejor trabajo.

A rodar la lata: Cada miembro del equipo tiene una oportunidad de hacer rodar una lata con el pie hacia un objetivo (que es simplemente un cuadrado realizado con cinta adhesiva en el piso). El equipo gana un punto por cada lata que llegue al cuadrado y se mantenga pegada allí.

¡Tráeme esa lata! Ubica todas las latas en un extremo de la habitación. Haz que los participantes se formen como para realizar una carrera de relevos. Uno de cada equipo a la vez correrá hacia las latas y traerá una (solo una) de regreso a su equipo. El grupo que más latas haya juntado en dos minutos, será el ganador.

Seguramente se te ocurrirán muchos juegos más que pueden ser adaptados para realizarse con latas. Esta es una muy buena manera de convertir un acto solidario en pura diversión.

—Terry O. Martinson

ACCIÓN DE GRACIAS EN LA BIBLIA

«...dando siempre gracias a Dios el Padre por todo, en el nombre de nuestro Señor Jesucristo» (Efesios 5:20)

¿POR QUÉ DEBO ESTAR AGRADECIDO?

```
_ _ _ _ _ _ _ A _
        G _ _ _ _ _ _
_ _ _ _ _ R _ _ _ _ _ _ _ _
_ _ _ _ _ A _ _ _ _ _ _ _
        D _ _
       _E _ _ _
_ _ _ _ _ C _ _ _
       _I _ _
      _ _D _
      _O _ _ _ _ _ _ _ _ _ _ _ _
```

Santiago 1:2-4

1 Corintios 1:4

Romanos 8:26-27

Marcos 1:15

2 Corintios 9:15

Hebreos 12:28

Efesios 1:13

Juan 3:16

Efesios 5:20 1 Tes 5:18

Filipenses 2:9-11

SALMOS 105:1
Den gracias al SEÑOR

★ ★ ★ ★
COLOSENSES 3:15
///// Y sean agradecidos /////

FILIPENSES 4:6
No se inquieten por nada; más bien, en toda ocasión, con oración y ruego, presenten sus peticiones a Dios y denle gracias.

SALMOS 30:12
...para que te cante y te glorifique, y no me quede callado. ¡SEÑOR mi Dios, siempre te daré gracias!

Ten muy en cuenta estas próximas páginas para programar la época de Navidad en el grupo. En ellas encontrarás todo lo que necesitas para la temporada más alegre del año: juegos, salidas excitantes, obras teatrales, y por supuesto también ideas para reuniones navideñas, lecciones bíblicas y proyectos de servicio que ayudarán a que tus chicos se enfoquen en el verdadero sentido de la Navidad.

ROMPEHIELO

Los ayudantes de Santa Claus

Este es un juego fácil, que no requiere de mucha preparación previa, y en el que solo se necesitan lápices y hojas de papel. Anúnciale a tu grupo: «Ha ocurrido un desperfecto informático en el Polo Norte. Santa ha perdido las listas de Navidad de todo el mundo y ha llamado solicitando ayuda».

Distribuye los lápices y los papeles. Cuando se de la señal, todos deben buscar a una persona y sentarla/o en su falda y preguntarle qué es lo que desea para Navidad. Debe anotar esta información junto con el nombre de la persona para enviarla a la computadora de Santa. Esto continúa mientras cada uno trata de hacer que otra persona se siente en su falda y realice su pedido de Navidad.

Luego de cinco minutos, el que tenga la lista más larga es el ganador.

Para hacer que el juego sea más difícil, no permitas que nadie pida el mismo regalo dos veces. Anímalos a que pidan cosas locas. Otra variación es solicitar también dirección y números telefónicos en la lista de regalos. Esta es una manera sutil de confeccionar el listado de datos de contacto de tu grupo.

—DAVE SCHULTZ.

ROMPEHIELO

Navidad manía

Usa el siguiente rompehielo para amenizar tus encuentros en la época de Navidad. Añade o elimina tareas según lo creas conveniente. Ten en cuenta que deberás limitar la cantidad de veces que una persona puede participar para completar cada punto.

[ver hoja de actividades pag. 64]

—RICK CORNFIELD

ROMPEHIELO

Confusión de Navidad

Esta es una forma genial de romper el hielo y mezclar a los jóvenes en fiestas o reuniones. Lo único que tiene que hacer en entregarles a todos una copia con las siguientes instrucciones. Léelas en voz alta y asegúrate de que todos las hayan entendido. El objetivo es cumplir todos los puntos correctamente antes que nadie. El primero en terminar puede recibir algún tipo de premio. Las instrucciones pueden ser completadas en cualquier orden.

[ver hoja de actividades pag. 65]

—MARK Y JOANNE PARSON

ROMPEHIELO

Revuelto navideño

Este es un juego para fiestas de Navidad que puede generar un desorden muy divertido. Todos deben tener una copia de la lista que figura a continuación y luego competir para ver quién es el que la completa primero.

[ver hoja de actividades pag. 66]

—JAY FIREBAUGH

Navidad Manía

❊ Encuentra tres personas que hayan besado a alguien debajo de un muérdago.

❊ Reúne a tres personas y canten una estrofa de un villancico navideño.

❊ Encuentra a dos personas que ya hayan terminado de realizar las compras de Navidad.

❊ Encuentra a una persona que todavía no haya comenzado con las compras de Navidad.

❊ Encuentra a alguien cuyo cumpleaños sea en diciembre.

❊ Encuentra a tres personas que no conozcas, escribe sus nombres y qué es lo que desean para Navidad.

❊ Encuentra a dos personas a las que nunca les gustaría pasar una Navidad blanca.

❊ Encuentra a alguien que todavía no haya armado su árbol de Navidad o no vaya a armar ninguno.

❊ Encuentra a alguien que tenga la escena del pesebre en su casa.

❊ Encuentra a alguien que haya horneado galletitas de Navidad.

❊ Reúne a cinco personas y canten juntos un villancico navideño. Escribe sus nombres aquí. _____

_____

CONFUSIÓN DE NAVIDAD

1. Consigue cinco autógrafos detrás de esta hoja (nombres y apellido).

2. Reúne a otras tres personas y canta un villancico navideño lo más alto que puedan. Luego coloquen las iniciales de cada uno aquí: _____ _____ _____.

3. Elige uno de los adornos del árbol de Navidad. Busca a alguien y explícale durante quince segundos por qué te gusta ese adorno en particular. Luego haz que esa persona escriba sus iniciales aquí: _____.

4. Salta sobre alguien (salto de rango o pídola) que vista algo rojo o verde. Luego haz que esa persona escriba sus iniciales aquí: _____.

5. Pídele a una persona del sexo opuesto que silbe una estrofa de algún villancico navideño. Luego haz que esa persona escriba sus iniciales aquí: _____.

REVUELTO NAVIDEÑO

❄ Encuentra a dos personas nacidas en tu mismo grupo de meses, haciendo el «sonido del grupo»:

Enero, Febrero, Marzo – *Grupo de Santa Claus (¡Jo, jo, jo!)*.

Abril, Mayo, Junio – *Grupo musical (Canten algún villancico popular)*.

Julio, Agosto, Septiembre – *Grupo de niños (Griten: «¡Queremos confites!»)*.

Octubre, Noviembre, Diciembre – *Grupo de Scrooge (Griten: «¡Bah, no me gusta la Navidad»!)*.

❄ Una vez que hayas formado tu grupo de tres, nombra cinco cosas divertidas que se pueden hacer en esta época navideña. Haz que alguien del grupo escriba sus iniciales aquí: _____ .

❄ Deja al grupo y encuentra un compañero al que no le guste la sidra y pídele que escriba sus iniciales aquí: _____ .

❄ Júntate con otras dos personas y griten a coro tres veces: «¿Qué son esas cosas verdes que ponen en el pan dulce?». Haz que alguien de tu grupo que sepa la respuesta escriba sus iniciales aquí: _____ .

❄ Encuentra un nuevo compañero y vayan cantando villancicos por el salón. Pídele que escriba sus iniciales aquí: _____ .

❄ Reúnete con tres nuevos compañeros de equipo. Tres de ustedes formen un círculo entrelazando los brazos y finjan ser un árbol de Navidad. El cuarto integrante debe dar cuatro vueltas alrededor del árbol fingiendo que lo está decorando. Pídele a uno de tus compañeros que escriba sus iniciales aquí: _____ .

Ponte al día con el árbol de Navidad

Para este rompehielo, haz copias de un árbol de Navidad, similares a la que te mostramos aquí, con una variedad de oraciones descriptivas en cada uno de los adornos. Los chicos deben encontrar a otros compañeros que respondan a las descripciones y obtener sus firmas en el adorno indicado. Distribuye marcadores de varios colores para que los árboles de Navidad luzcan más coloridos cuando sean firmados.

[ver hoja de actividades pag. 68]

—Tim Smith

Globos navideños

Escribe los nombres de varios villancicos navideños en trozos pequeños de papel (para cada villancico haz varios papelitos). Consigue varios globos rojos y verdes, coloca un papel en cada uno de ellos y distribúyelos entre los chicos. Haz que comience a sonar la música y en ese momento los chicos deben soltar los globos y hacerlos volar por todo el lugar. Cuando la música deja de sonar, deben tomar un globo al azar, explotarlo, sacar el papel con el título del villancico, e ir cantándolo mientras encuentran a otros que estén entonando la misma canción.

—Jim Holst

Regalo navideño

Haz que todos se sienten formando un círculo. Con anticipación, envuelve un regalo con gran cantidad de papel, cinta adhesiva, moños y todo lo que se te ocurra para que sea lo más difícil posible de desenvolver.

Luego, entrégale el regalo a alguno de los chicos y haz que comience a sonar la música (¡navideña, por supuesto!).

Mientras suena la música, el regalo irá pasando de mano en mano hasta que la música se detenga. Aquel que se haya quedado con el regalo tratará de desenvolverlo lo más rápido que pueda hasta que la música comience nuevamente y el regalo vuelva a pasar de mano en mano. Cada vez que la música se detenga, alguien intentará seguir desenvolviendo el regalo. (Trata de que el momento sin música sea corto, así no llegarán muy lejos cada vez.) La persona que finalmente logre desenvolverlo será la ganadora de ese regalo como premio.

Tararea un villancico

Esta es una forma creativa de formar equipos. A medida que los chicos van llegando al encuentro, diles al oído el nombre de uno de cuatro villancicos conocido por todos. Cuando ya todos tengan asignado un villancico, haz que lo tararean (sin palabras) y que se vayan mezclando, buscando a otros que les haya tocado la misma canción navideña. Cuando finalicen, tendrás cuatro equipos formados. Puedes elegir la cantidad de villancicos que desees dependiendo del tamaño de tu grupo y la cantidad de equipos que necesites formar. Esta es una gran forma de romper el hielo. También puede utilizarse para otras épocas del año utilizando otras canciones.

—Judy Madtes

Juego de palabras navideño (poema)

Esta idea puede ser utilizada con resultados extraordinarios durante las reuniones o actividades de la época navideña. Dile al grupo que estás escribiendo un poema de Navidad y necesitas ayuda con algunas palabras importantes. Pídeles que te vayan diciendo el tipo de palabras que necesitas, tal como está indicado en cada parte en blanco del poema, y que sean lo más creativos y alocados que puedan al pensar en las palabras que van a proponer. Luego completa tú los espacios en blanco con las que consideres mejores. No dejes que los chicos sepan cuál es el contexto de las palabras, es decir, no les leas ninguna parte del poema hasta que te hayan dicho todas las palabras que necesitas. Cuando todos los espacios estén completos, lee el poema entero y diviértanse con el resultado. Puedes hacer esto con cualquier poema que desees. Aquí te proponemos uno.

[ver hoja de actividades pag. 69]

—Bill Chaney

Juego de palabras navideño (carta a Santa Claus)

Para este juego de palabras, pídele al grupo que te sugiera una palabra por cada categoría solicitada junto a los lugares en blanco y luego lee la carta en voz alta. ¡El resultado será muy, muy divertido!

[ver hoja de actividades pag. 70]

—Carol Abell

PONTE AL DÍA CON EL ÁRBOL DE NAVIDAD

Busca a alguien que firme el adorno junto a la oración que la/lo describe. Complétalo lo más rápido que puedas. Cada persona puede firmar solo dos adornos.

ALGUIEN...

Que tiene zapatos azules

Que juega con muñecas

Que usa anteojos

Que toca la trompeta

Que usa más de dos anillos

Que nació en la misma ciudad que tú

Con cabello rizado

Pelirrojo/a

Con pelo inusual

Que tiene un perro con un nombre gracioso

Con ojos azules

Con pecas

Con algo verde

Que usa la misma pasta dental

UN POEMA DE NAVIDAD

Noche de (*sustantivo*) _____, noche de (*sustantivo*) _____,
Todo (*verbo*) _____ en derredor,
Entre los (*sustantivo plural*) _____ que (*verbo plural*) _____ su (*sustantivo*) _____,
Bella (*verbo*) _____ al niño Jesús,
(*verbo*) _____ la/el (*sustantivo*) _____ de paz,
(*verbo*) _____ la/el (*sustantivo*) _____ de paz.

Noche de (*sustantivo*) _____, noche de (*sustantivo*) _____,
Oye (*adjetivo*) _____ el (*adjetivo*) _____ pastor,
Coros (*adjetivo plural*) _____ que anuncian (*sustantivo*) _____,
(*sustantivo plural*) _____ y (*sustantivo plural*) _____ en gran plenitud,
Por nuestro buen (*sustantivo*) _____.
Por nuestro buen (*sustantivo*) _____.

CARTA A SANTA CLAUS

Querido Santa:

Mi nombre es _____ (persona famosa o alguien del grupo) y tengo _____ (número) años. Vivo en _____ (ubicación geográfica). Para Navidad, quisiera un/a _____ (sustantivo) grande, velludo/a y relleno/a y un/a hermoso/a _____ (sustantivo) a cuerda. También me gustaría una muñeca que, cuando tires de la cuerda, pueda_____ (verbo). Necesitaré un/a nuevo/a _____ (ropa) _____ (color) porque el/la mío/a está muy roto/a. ¿Me podrías traer también un tapado de piel de _____ (animal)? Mi calcetín estará colgado del/de la _____ (mueble) en el/la _____ (lugar de la casa). Por favor, pon un/a _____ (sustantivo de gran tamaño) en él. Mi hermano desea un/a _____ (sustantivo). Él es muy _____ (adjetivo). A propósito, no vayas a la casa de _____ (persona que esté en el salón), porque ella/él rompió mi _____ (sustantivo) y me pellizcó en el/la _____ (parte del cuerpo). Te dejé un poco de _____ (tipo de comida) para que comas, aunque tú ya debes estar pesando _____ (número) kilos. Me preguntó cómo tú y tu trineo pueden ser tirados por solo ocho pequeños _____ (animal en plural). Por cierto, ¿es verdad que tus renos tienen un/una _____ (parte del cuerpo) rojo/a y brillante para guiarte en la noche? Nuestro techo no es muy grande, por lo tanto espero que tu _____ (adjetivo) _____ (vehículo) _____ (color) pueda aterrizar en él. Mi villancico navideño preferido es _____ (canción no navideña). Bueno Santa, ha sido muy lindo sentarme en tu _____ (parte del cuerpo), pero tengo que irme ahora para ayudar a mi madre a envolver el/la _____ (sustantivo) que le compró a mi papá para Navidad. Te veré de nuevo el próximo _____ (día festivo).

P.D. Me encanta cómo dices: «¡Jo, jo, jo!» y la forma en que tu barriga se menea como una fuente llena de _____ (tipo de fruta).

Noche de paz

Este es un buen rompehielo para realizar en tu próxima actividad de Navidad. Debes ir por el salón con una persona a la vez, recitando la letra de «Noche de paz» (o cualquier otro villancico que todos conozcan bien). Cada persona debe recitar el verso consecutivo de la canción, por ejemplo:

Persona 1: Noche de paz, noche de amor.

Persona 2: Todo duerme en derredor.

Así deben continuar hasta que alguien cometa un error. La persona que se equivoca debe dirigir a todos para que canten algún otro villancico navideño. Luego lees el verso incorrecto en forma correcta y sigues con otra persona y así hasta que se termine la canción. No importa si algunos deben participar varias veces.

—Scott Davis

El juego de la silla con villancicos

Haz un listado de todos los villancicos navideños bien conocidos por todos y escribe cada uno de ellos en un pequeño trozo de papel. Para grupos grandes, utiliza algunas canciones más de una vez. Dobla cada papel, colócalo dentro de un globo e ínflalo.

Luego comienza el juego pidiéndoles a todos los participantes que se sienten formando un círculo. Cuando suena la música navideña, uno de los globos empieza a pasar de mano en mano. Cuando la música se detiene, la persona que tiene el globo lo hace explotar, canta la primera estrofa o el coro del villancico que está escrito en su interior, y sale del círculo. La música vuelve a comenzar y un nuevo globo empieza a pasar de mano en mano. Los participantes son eliminados gradualmente y si lo deseas, puedes entregarle un regalo navideño al ganador.

—Tommy Baker

Villancicos con mímicas

Escribe los nombres de villancicos navideños en trozos de papel y colócalos nuevamente dentro de globos. Sigue el mismo procedimiento del juego anterior («El juego de la silla con villancicos»), pero con la diferencia de que cada vez que la «víctima» hace explotar el globo, debe también actuar el

título, es decir, representarlo de una forma divertida. Luego de cada ronda, el actor y el que primero adivine de qué villancico se trata se retiran del juego y todo continúa con dos jugadores menos cada vez.

—Tommy Baker

Tutti Frutti navideño

Dale un toque navideño a este juego tradicional. Forma equipos (también puede jugarse de manera individual) y entrégale a cada uno una gran hoja de papel con varias «categorías navideñas», como por ejemplo: golosinas navideñas, personajes navideños, decoración navideña, tradiciones navideñas, canciones navideñas, regalos tradicionales navideños, etc. Prepara varias hojas a fin de poder realizar varias rondas.

De acuerdo con las reglas del Tutti Frutti, elige qué letras del alfabeto utilizarán de acuerdo a una palabra seleccionada (si eligen «Navidad», la primera letra será la N, luego la A, y así sucesivamente) o elige una al azar, pero sé creativo. El objetivo del juego es ver qué equipo o persona puede escribir la mayor cantidad de respuestas que comiencen con la letra seleccionada.

Solo se otorgarán puntos por las palabras que ningún otro equipo o persona escribió. Es decir, si más de uno escribe «Santa Claus», por ejemplo, entonces nadie recibe un punto por esa palabra. Para ganar puntos los jugadores deben escribir palabras o frases que ningún otro haya escrito.

—Greg Fiebig

Cuestionario navideño

En primer lugar, prepara un cuestionario corto, similar al que te proponemos aquí. Entrégaselo a una de las clases de adultos de la Escuela Dominical, o a toda la iglesia si es posible. Pídele a la gente que conteste las preguntas y luego recógelas y cuenta las respuestas. Encuentra las cinco respuestas a cada pregunta que más se repitieron y ordénalas según su popularidad.

Luego divide al grupo en varios equipos y tira una moneda para determinar qué equipo va a comenzar. Léele la primera pregunta y espera a que el equipo responda. Si escoge la respuesta número uno (de acuerdo a los resultados del cuestionario), recibe cincuenta puntos; si escoge la respuesta número dos, recibe cuarenta puntos; si elige la respuesta número tres, recibe treinta puntos, y así sucesivamente. Cada equipo responde una pregunta por vez y luego el otro equipo contesta. En otras palabras, el primer equipo quizás adivine la respuesta número dos en su primer intento, lo cual entonces le permitirá al otro equipo adivinar la respuesta número uno y ganar cincuenta puntos. Cualquier respuesta que no esté dentro de las cinco primeras, resta diez puntos. Si todos los puntos disponibles en una pregunta no han sido ganados por ningún equipo luego de cinco intentos, se pasa a la siguiente cuestión. ¡Es muy divertido y genera mucha tensión!

He aquí algunos ejemplos de preguntas para tu cuestionario:

- Nombra algo que cuelgues en un árbol de Navidad.
- Indica en nombre de un villancico navideño.
- ¿Qué personaje representaría alguien en un desfile navideño?
- ¿Qué color puede tener una luz del árbol de Navidad?
- ¿Qué cantidad de días dejas armado el árbol luego de la Navidad?
- ¿Qué libro de la Biblia cuenta la historia del nacimiento?
- ¿Qué edad tenías cuando descubriste que Santa Claus no existía?
- Nombra una decoración navideña que no sea un árbol.
- Menciona algo relacionado con Santa Claus.
- ¿Qué suele hacer la gente el día de Navidad?
- Nombra una comida o bebida que sea típica de Navidad
- ¿Cómo es la forma característica de una galleta navideña?
- ¿Cuántas semanas antes de la Navidad deben enviarse las tarjetas navideñas?

—Tim Spilker

JUEGO

La barba de Santa

Elige a tres muchachos para que se sienten en sillas y tres chicas para que se arrodillen frente a ellos. Cúbreles los ojos a las chicas y entrégale una crema de afeitar a cada una de ellas. El objetivo de cada chica es usar la crema de afeitar para crear una barba similar a la de Santa Claus. La pareja con el Santa más buen mozo es la ganadora.

—Earl Burguess

JUEGO

Muñeco de nieve

Recluta a algunos voluntarios entusiastas para este sucio y deleitable concurso navideño. Esto es lo que necesitarás para cada equipo: una tela impermeable o sábana de plástico para proteger el piso (las bolsas de basura grandes abiertas por la mitad también sirven), un tubo de glaseado blanco para tortas, un cilindro de cartón (de los que vienen adentro de los rollos de papel higiénico), una bolsita de pasas de uva, dos galletas, una zanahoria y un rollo de papel higiénico de color.

El concurso consiste en crear un muñeco de nieve. En primer lugar, deberán esparcir el glaseado por toda la cara del voluntario. Luego utilizarán todos los demás elementos para formar la cara del muñeco. Por ejemplo las pasas de uva para la sonrisa, el cilindro de cartón para la nariz, las galletas para los ojos, la zanahoria para la pipa y el papel higiénico de color para la bufanda... ¡o deja que los chicos usen su imaginación! Pon un límite de tiempo y luego haz que el grupo vote para obtener a un ganador.

—Michael Capps

JUEGO

Dulce relevo

Con solo unas pocas bolsas de confites M&M u otros por el estilo (en lo posible solo rojos y verdes), una cuchara para cada equipo y vasos de papel, puedes crear un divertido juego de relevos.

Coloca unos 450 gramos de confites por cada seis chicos en un gran recipiente. Divide el grupo en equipos de tres a ocho participantes y haz que cada equipo forme una fila, sentados en el piso. La primera persona de la fila debe estar a un metro y medio aproximadamente del recipiente con confites. El objetivo para cada equipo es obtener la mayor cantidad de confites verdes.

Cuando des la señal, el primero de cada fila utilizará una cuchara para sacar un confite verde, luego correrá nuevamente hacia la fila y dejará caer el confite en el vaso de cartón. Entonces se sentará y le pasará la cuchara al segundo de la fila. El juego continuará hasta que se cumpla un tiempo determinado.

Para hacerlo más interesante, puedes ocasionalmente cambiar el número de confites que deben recolectar, gritando, por ejemplo: «¡Tres!», y luego de unos minutos: «¡Uno de nuevo!».

Los jugadores se verán tentados a interferir con las cucharas de los otros participantes, a tomar más confites de los que se solicitan y a engañar de otras maneras. Puedes ser estricto con respecto a las reglas o hacerte el distraído y permitir algunos deslices, ofreciendo más tarde una lección sobre el engaño y cómo somos fácilmente atrapados en él.

¡Y para terminar... fiesta de confites para todos y de todos los colores!

—CHARD BERNDT

JUEGO

El juego de los renos

Más allá del clima frío o cálido que haya en tu ciudad, los renos de Santa Claus siempre están presentes en esta época navideña, por lo tanto, creen sus propios renos y diviértanse con este original juego. Antes de la actividad, consigue una pantimedia (o cancán) de nylon de tamaño grande por equipo. Haz un agujero en la parte de atrás de cada una de ellas para la cara y córtales también los pies. Lleva muchos globos de tamaño pequeño o mediano.

Un voluntario de cada equipo se pondrá la pantimedia en la cabeza y sus compañeros tendrán dos o tres minutos para inflar (solo un poco) la mayor cantidad de globos que puedan y meterlos en las piernas de la pantimedia, creando los cuernos. Cuando se termine el tiempo, los equipos atarán las puntas de las piernas para asegurar que ningún globo se salga de los «cuernos». Los renos serán juzgados por la cantidad de globos en sus cuernos y también por su aspecto estético. Haz que los renos sean los capitanes de sus equipos y luego continúa con otros juegos.

—MICHAEL CAPPS

JUEGO

Subasta de baratijas

Cada chico deberá traer un pequeño regalo primorosamente envuelto. El regalo debe ser de muy poco valor o algo que tenemos en casa y ya no necesitamos. Si alguien lo desea, puede comprar regalos chistosos, pero todos deben saber que no tienen que gastar mucho dinero. Los regalos se podrán bajo el árbol de Navidad o estarán expuestos en algún lugar del salón de manera que todos puedan examinarlos. Los chicos podrán sentirlos, tocarlos y sacudirlos antes de la subasta. A cada uno se le entregará un paquete con dinero falso, que puede ser fichas de póquer, dinero del juego Monopoly, dinero de juguete, etc. Todos deben recibir una cantidad apenas diferente.

Tú como líder serás el subastador y rematarás cada regalo al mejor postor. Debes hablar mucho de cada obsequio y realizar especulaciones locas acerca de lo que puede ser. Todos pueden pujar por cada regalo menos el que lo trajo (quien no debe revelar qué es) y aquellos que ya adquirieron un obsequio. El que gana la subasta por un regalo en particular, lo toma y lo abre enfrente de todos. Puede quedárselo o vendérselo a otro por el precio que él pagó o más. Si le vende el regalo a otra persona, entonces puede participar en otra subasta por otro artículo. Una vez que una persona tiene un obsequio no puede participar para comprar otro. Sí puede, si lo desea, darle dinero a un amigo que todavía no tiene un regalo. Eso hace que el valor de los obsequios continúe creciendo.

JUEGO

Rellenemos a Santa

Divide al grupo en dos equipos y haz que cada uno elija al chico que va a representar a Santa Claus. Los Santas se pondrán luego una ropa interior larga roja bien grande (pueden teñirla en caso de no conseguirla en rojo). Los equipos después deberán inflar globos y rellenar con ellos la ropa interior hasta que ya no haya capacidad para ninguno más. Los globos no deben ser muy grandes, porque deben rellenar los brazos y las piernas. A continuación tienen que agregarle una barba a Santa Claus utilizando crema de afeitar, «espuma loca» o algo por el estilo, y terminar añadiendo todo tipo de accesorios como un gorro, botas, una bolsa con juguetes, etc.

Prepara un premio para el Santa Claus más real y convincente, y luego entrégale otro al equipo que más globos haya utilizado. Cuéntalos cuidadosamente reventándolos uno por uno con un alfiler.

JUEGO

¡Solo con una mano!

Este juego es para realizar en parejas. Cada pareja recibe una caja (con un regalo en su interior) que deben envolver lo más rápido posible. Se les entregará todo lo necesario para hacerlo: papel de regalo, cinta adhesiva, tijeras, moños, etc. El truco es que el chico solo podrá utilizar su mano izquierda y la chica solo podrá utilizar la derecha. Sus otras manos deben permanecer en sus espaldas. Fija un límite de tiempo y cuando finalice (o cuando una de las parejas haya terminado), se entregará el paquete mejor envuelto a la pareja que lo envolvió.

Adivina el regalo

A medida que vamos creciendo, nos vamos haciendo expertos en lo que respecta a sacudir y sentir los paquetes de Navidad para descubrir qué es lo que hay adentro. Por lo tanto, el objetivo de este juego es probar esa habilidad y permitirles a los chicos sacudir y sentir algunos regalos a fin de obtener un premio. Envuelve unos diez paquetes y colócalos en fila. Numéralos del uno al diez y entrégale a cada chico un papel y un lápiz. La idea es investigar el paquete para adivinar qué es lo que contiene. El que más se aproxime a adivinar los diez paquetes, gana la posibilidad de elegir uno de los regalos, y así sucesivamente (el décimo que más acertó obtiene el último regalo que quedó).

Puedes ayudarlos un poco entregándoles un listado de los posibles regalos que los paquetes podrían contener. Si tienes diez regalos, entonces dales veinte respuestas con las correctas incluidas, y los chicos deberán hacerlas corresponder con el número de los paquetes.

Dibujemos a Santa Claus

Entrégale a cada equipo una caja de crayones y una gran hoja de papel para dibujo. A la voz de «¡Ahora!» el primer jugador de cada equipo comenzará a dibujar a Santa Claus, pero deberá detenerse a los diez o quince segundos cuando hagas sonar un silbato y pasarle el papel y los crayones al siguiente participante, quien seguirá con el dibujo. Esto continúa hasta que todos los miembros del equipo hayan colaborado con el proyecto. El mejor ganará un premio para el equipo.

—Terry O. Martinson

Calcetines rellenos

En este juego cada equipo rellena su calcetín con la mayor cantidad de objetos posible (monedas, peines, cepillos, billeteras, llaveros, etc.). El equipo con la mayor cantidad de objetos diferentes gana.

—Terry O. Martinson

Lista de Navidad

Durante cinco minutos los equipos deben pensar en palabras o nombres que estén asociados con la Navidad y un miembro del equipo los escribirá. Los jueces tendrán la decisión final si hay palabras cuestionables. Gana el equipo con mayor cantidad de palabras (o el que tenga la mayor cantidad de palabras únicas).

—Terry O. Martinson

Santa, reno, árbol

Este juego es una adaptación del tradicional «Piedra, papel y tijera». Es fantástico para realizar con grupos grandes de veinte o más chicos. Así es como funciona:

Haz que los chicos formen parejas y se coloquen espalda con espalda. Cuando des la señal (el toque de un silbato, un silbido, etc.), deben darse vuelta y hacer una de las siguientes tres posiciones:

1. Santa: Estiran un brazo hacia delante como si estuvieran agitando un látigo para hacer que los renos vuelen más rápido.

2. Reno: Estiran sus brazos encima de sus cabezas y se toman las manos, simulando los cuernos.

3. Árbol: Estiran sus brazos a los costados y abren las piernas simulando un árbol de Navidad que es más ancho en la parte inferior.

En cada caso, un participante ganará y el otro saldrá del juego, dependiendo de qué posición asuman. Santa siempre le gana al reno (porque puede fustigarlo con el látigo). El reno siempre le gana al árbol (porque puede comérselo). El árbol siempre le gana a Santa (porque puede caer sobre él y aplastarlo). En caso de empate, cuando los compañeros muestran la misma posición, cambian de pareja hasta que solo queden dos que jugarán la final. Asegúrate de que los chicos asuman sus posiciones antes de darse la vuelta.

—Bruce Schlenke

JUEGO

Santa a la entrega

Para realizar un juego muy simple, divide del grupo en dos equipos (cada uno debe tener al menos diez jugadores). Los equipos deben organizarse como la brigada de entregas de Santa: una persona será Santa, dos serán el asiento, una será el trineo, cuatro personas llevarán el trineo y el resto serán renos.

Los renos se alinearán formando parejas, se inclinarán hacia delante y pondrán un brazo sobre el hombro de su compañero y el otro brazo sobre la cabeza simulando los cuernos. Uno de estos renos es Rodolfo, quien abre y cierra una mano frente a su nariz (una nariz colorada y redonda). Inmediatamente detrás de los renos, las dos personas que forman un asiento con sus brazos llevan a Santa. Posteriormente viene el trineo, recostado de espalda y sostenido en lo alto por otras cuatro personas. En el trineo están los regalos de Santa, que pueden ser cualquier cosa que encuentres por ahí: una taza con agua, una pelota, calzado para jugar al tenis, un himnario. Cada equipo debe tener el mismo número de regalos que entregar.

Y entonces comienza la diversión. Cuando des la señal, cada equipo debe hacer entregas a cada una de varias casas esparcidas lo más alejadas posible dentro del área de juego. Debe haber tantas casas como regalos para repartir haya en el trineo. Alguien debe estar de pie frente a las casas para recibir el regalo a medida que Santa pase volando, tome un obsequio del trineo y se lo dé al afortunado destinatario. El primer equipo en terminar todas las entregas es el ganador.

—Lee Strawhun

JUEGO

Árbol de Navidad humano

Divide el grupo en equipos y entrégale a cada uno un montón de objetos para decorar árboles de navideños (luces, bolas, cintas brillantes, guirnaldas, estrellas, etc.). Cada equipo decora a uno de sus miembros como un árbol de Navidad. Fija un límite de tiempo (diez minutos como máximo). Prepara premios para varias categorías, como por ejemplo el más creativo o el más atemorizante. Por seguridad, no enchufen las luces.

JUEGO

Sopa de letras navideña

Aquí tienes una sopa de letras con palabras navideñas. Te brindará al menos unos minutos de calma en tu encuentro de Navidad.

[ver hoja de actividades pag. 76]

—Cary W. Sharpe

JUEGO

Cuestionario navideño bíblico

¿Cuánto sabemos sobre lo que realmente pasó la noche de la Navidad? ¿Cuánto de la cultura popular se ha entremezclado con lo que creemos? Aquí te proponemos un rápido test para averiguarlo y seguir aprendiendo. Pídeles a los chicos que lo realicen de manera individual.

[ver hoja de actividades pag. 77]

Estas son las respuestas:

1. a.
2. d (la Biblia no lo dice).
3. c.
4. d («Los sabios la vieron», afirma la Biblia).
5. d (la Biblia no dice nada acerca de ángeles cantando. Lo que explica es que dijeron: «Gloria a Dios en las alturas...»).
6. d (fueron a la casa de Jesús, no al pesebre).
7. c.
8. c.
9. b.
10. a.

—Randy D. Nichols

SOPA DE LETRAS NAVIDEÑA

Instrucciones: Las palabras pueden estar escritas hacia delante, hacia atrás, verticalmente, horizontalmente o en diagonal. Una letra puede pertenecer a más de una palabra.

```
Z  P  Ñ  L  C  A  L  C  E  T  I  N  Z  U  X  U  G
F  A  D  M  L  M  U  E  R  D  A  G  O  J  O  G  R
H  S  T  R  A  N  G  E  L  Ñ  L  R  H  J  U  E  D
G  T  C  I  B  G  Y  J  A  N  O  R  O  C  G  R  A
S  O  U  R  K  G  P  E  S  E  B  R  E  O  F  Y  D
E  R  M  S  G  J  G  H  J  H  I  L  L  I  L  D  I
T  E  P  V  A  D  O  R  N  O  S  O  E  S  O  M  V
E  S  L  B  R  P  L  M  S  B  S  S  F  C  D  X  A
U  F  E  L  I  Z  O  H  E  L  T  S  O  N  E  R  N
G  S  A  B  I  O  S  L  C  A  H  G  F  Z  S  A  Z
U  U  Ñ  T  R  E  I  Q  U  X  C  F  V  G  A  H  I
J  S  O  C  I  C  N  A  L  L  I  V  T  F  N  L  L
S  U  S  E  J  P  A  S  T  O  R  E  S  G  T  V  E
D  J  U  K  S  A  L  L  E  R  T  S  E  E  A  K  F
```

- ÁNGEL
- LAZO
- GOLOSINA
- VILLANCICOS
- REGALOS
- FELIZ CUMPLEAÑOS
- FIESTA
- JESÚS

- REY
- LUCES
- PESEBRE
- FELIZ NAVIDAD
- MUÉRDAGO
- ADORNOS
- RENOS
- SANTA

- PASTORES
- ESTRELLAS
- CALCETÍN
- JUGUETES
- ÁRBOL
- SABIOS
- CORONA

CUESTIONARIO NAVIDEÑO BÍBLICO

¿Sabes realmente lo que dice la Biblia acerca de la Navidad? Chequea tu coeficiente intelectual navideño contestando este cuestionario individualmente. Haz un círculo en la letra de la respuesta correcta.

1. JOSÉ ERA DE:

(a) Belén
(b) Nazaret
(c) Jerusalén
(d) Egipto

2. ¿CÓMO VIAJARON MARÍA Y JOSÉ A BELÉN?

(a) Camello
(b) Burro
(c) Camioneta
(d) No sé

3. UN PESEBRE ES:

(a) Un granero
(b) Un establo
(c) Un comedero
(d) Una enfermedad que padecen los perros

4. ¿QUIÉNES VIERON LA «ESTRELLA DEL ORIENTE»?

(a) Pastores
(b) Tres reyes
(c) Brad Pitt
(d) Ninguna de las opciones anteriores

5. ¿QUÉ CANTARON LOS ÁNGELES?

(a) «Gloria a Dios en las alturas...»
(b) «Nos ha nacido un niño...»
(c) «Gloria al nacido Rey...»
(d) Ninguna de las opciones anteriores

6. ¿CUÁNTOS SABIOS FUERON A VISITAR A JESÚS EN EL PESEBRE?

(a) 3
(b) 2
(c) 1
(d) 0

7. ¿QUIÉN LES DIJO A MARÍA Y JOSÉ QUE FUERAN A BELÉN?

(a) El ángel
(b) Dios
(c) César Augusto
(d) El rey Herodes

8. ¿POR QUÉ JOSÉ LLEVÓ A JESÚS A EGIPTO?

(a) Para mostrarle las pirámides
(b) Para pagar impuestos
(c) Porque lo soñó
(d) Nunca llevó a Jesús allí

9. ¿QUÉ ES EL INCIENSO?

(a) Un monstruo oriental
(b) Un perfume preciado
(c) Una tela o género preciado
(d) Un metal preciado

10. ¿QUÉ ES LA MIRRA?

(a) Una especia utilizada en las sepulturas
(b) Un metal blando
(c) Una loción para después de afeitarse
(d) Una bebida

Test del coeficiente intelectual navideño

La próxima Navidad, realiza el siguiente cuestionario en tu grupo para determinar cuánto saben realmente de la historia más popular de la Biblia. Los resultados pueden ser un poco desconcertantes, pero guiarán a los chicos a una mejor comprensión de los sucesos relativos al nacimiento de Cristo.

[ver hoja de actividades pag. 80]

RESPUESTAS:

1. Falso. No fue hasta el siglo cuarto que se estableció el 25 de diciembre. Antes de esto se aceptaron otras fechas.
2. a. Ver Lucas 2:3, 4.
3. f. La Biblia no lo dice.
4. Falso. Ver Mateo 1:18.
5. Falso. Ver Lucas 2:5.
6. Verdadero. Ver Mateo 1:25.
7. e. No se dice nada acerca del dueño de la posada. Ver Lucas 2:7.
8. e. No se dice nada al respecto. Ver Lucas 2:7.
9. c.
10. f. La Biblia no lo especifica.
11. e. Los sabios la vieron (no eran reyes). Ver Mateo 2:2.
12. a. Ver Lucas 2:9.
13. f. Ver Lucas 2:12.
14. d. Ver Lucas 2:14.
15. e. Por definición es un «ejército».
16. d. El Monte Hermón está cubierto de nieve.
17. c. No tenemos motivos para creer que no lo hizo.
18. c. Por definición.
19. b. Ver Juan 19:39 o un diccionario.
20. Nadie lo sabe. Ver Mateo 2:1.
21. c. Ver cualquier comentario bíblico. Eran astrólogos u «observadores de estrellas».
22. c. Ver Mateo 2:11.
23. b. Ver Mateo 2:1-2.
24. g. Marcos comienza con Juan el Bautista, Juan con «el Verbo».
25. f. Ver Mateo 1:19; Lucas 1:39, 56.
26. d. Ver Lucas 2:1, 4.
27. d. Ver Mateo 2:13.
28. d, por supuesto.

—GREGG SELANDER

Búsqueda del tesoro navideña con cámara

Divide a tus adolescentes en pequeños grupos y envíalos con cámaras a un centro comercial para realizar una búsqueda del tesoro fotográfica. Establece un límite de tiempo de una hora para realizar la búsqueda con una pérdida de mil puntos por cada minuto que el equipo tarde en regresar. El que tiene el puntaje más alto gana. Aquí está la lista de fotos que deben lograr y los puntos que valen.

- Una fotografía del grupo entero dentro de una cabina de fotos. (10.000 pts).
- Una fotografía de todo el grupo sosteniendo su juguete favorito en una juguetería. (15.000 pts.)
- Una fotografía en la sección donde envuelven los paquetes. Todos los miembros del grupo deben tener un moño en sus cabezas. (20.000 pts).
- Tomen una fotografía del grupo entero con gorros de duendes o Santa Claus. (30.000 pts).
- Una fotografía de dos miembros del grupo con la mayor cantidad de prendas posibles. Pídanle a un encargado del lugar que por favor verifique cuántas prendas tienen entre los dos. (2.500 pts. por prenda).
- Una fotografía grupal frente al árbol de Navidad más alto que puedan encontrar en el centro comercial. Posen como si estuvieran cantando villancicos. (mil quinientos puntos extras por cada persona adicional que no pertenezca al grupo y salga en la fotografía). (40.000 pts).
- Una fotografía en una joyería: un joven proponiéndole matrimonio a una joven, ofreciéndole un anillo. (Si el joven está de rodillas, mil puntos extras; también mil puntos adicionales por cada vendedor que los esté mirando embelesado.) (45.000 pts).
- Una fotografía cerca de un probador de ropa en una tienda para mujeres: todos los varones del grupo deben permanecer sentados cerca de la puerta del probador. Deben estar cubiertos de bolsas y paquetes. Las chicas del grupo deben posar con mucho entusiasmo luciendo sus nuevos atuendos. Cualquier hombre que esté realmente esperando por su novia o esposa vale cinco mil puntos extras cada uno (50.000 pts).

Búsqueda de una decoración navideña MUY fea

Unos días antes de tu próxima fiesta de Navidad en el grupo, pídeles a los chicos que realicen una búsqueda de los objetos de decoración navideños más chillones, cursis y de mal gusto que puedan encontrar. Te sorprenderás de la cantidad de artículos horribles que la gente está feliz de desechar. Luego, el día de la fiesta, decora el salón y el árbol de Navidad del grupo con todo lo que han encontrado.

—MICHAEL FRISBEE

Rueda con villancicos

El objetivo de este juego es que los chicos vayan por diferentes casas tratando de recolectar los objetos que figuran en una lista y cantando canciones navideñas o villancicos.

En primer lugar, las reglas:

- Cuando lleguen a una casa, los chicos deben cantar una canción navideña antes de pedirle a los dueños de la vivienda uno de los objetos de su lista.
- No pueden ir a la casa de uno de los miembros del grupo.
- Deben identificarse claramente.
- Uno de los dueños de la casa deberá firmar una hoja en la que haya tres columnas: nombre del dueño, canción que se cantó y el objeto que se les entregó.
- Los equipos deben obedecer todas las reglas y regresar a la hora señalada (se descontarán puntos por cada minuto tarde).

- No se puede obtener más de un objeto en cada casa.

Y ahora sí, los objetos que deben recolectar son:

- Un trozo de papel de regalo en donde haya una figura de Santa Claus.
- Una tarjeta navideña nueva o usada.
- Un miembro del grupo que no vino a la reunión.
- Un gorro de Santa Claus.
- Un moño verde o rojo.
- Un dulce navideño (turrón, garrapiñadas, etc.).
- Un adorno navideño viejo.
- Un cartel que diga «Feliz Navidad».

—JOHN WORTINGER

Búsqueda loca

Esta actividad navideña es garantía de diversión tanto para grupos grandes como pequeños. Aquí te damos algunas sugerencias para que resulte más exitosa.

- Mantén los detalles de la búsqueda en secreto.
- Envía gente para que filme a los diferentes grupos durante sus búsquedas y muestra los vídeos en una reunión posterior.
- Envía a los grupos a vecindarios diferentes y con límites bien fijados.
- Dependiendo del tamaño de cada grupo, dispón un límite de tiempo de treinta a cuarenta minutos.

[ver hoja de actividades pag. 82]

—MICHAEL MCKNIGHT

TEST DEL COEFICIENTE INTELECTUAL NAVIDEÑO

Lee y responde cada pregunta en el orden que aparece. Haz un círculo en la letra de la respuesta correcta (o en la palabra Verdadero o Falso). Adivinar está permitido, hacer trampa no.

1. Desde que se celebra la Navidad, siempre ha sido el 25 de diciembre. (Verdadero o Falso)

2. José era de:
   (a) Belén
   (b) Jerusalén
   (c) Nazaret
   (d) Egipto
   (d) Ninguna de las opciones anteriores

3. ¿Cómo viajaron María y José a Belén?
   (a) Camello
   (b) Burro
   (c) Caminando
   (d) Automóvil
   (e) José caminaba y María montaba un burro
   (f) ¿Quién sabe?

4. María y José se casaron cuando María quedó embarazada. (Verdadero o Falso)

5. María y José estaban casados cuando nació Jesús. (Verdadero o Falso)

6. María era virgen cuando dio a luz a Jesús. (Verdadero o Falso)

7. ¿Qué les dijo el dueño de la posada a María y José?
   (a) «No hay lugar en la posada»
   (b) «Tengo un establo que pueden utilizar»
   (c) «Vuelvan después de Navidad y voy a tener algunos lugares»
   (d) a y b
   (e) Ninguna de las opciones anteriores

8. Jesús fue dado a luz en:
   (a) Un establo
   (b) Un pesebre
   (c) Una cueva
   (d) Un granero
   (e) No se sabe

9. Un pesebre es:
   (a) Un establo para animales domésticos
   (b) Un depósito de madera para guardar heno
   (c) Un comedero
   (d) Un granero

10. Según la Biblia, ¿qué animales estuvieron presentes en el nacimiento de Jesús?
    (a) Vacas, ovejas y cabras
    (b) Vacas, burros y ovejas
    (c) Solo ovejas y cabras
    (d) Varios animales de granja
    (e) Leones, tigres y elefantes
    (f) Ninguna de las opciones anteriores

11. ¿Quiénes vieron la «estrella del oriente»?
    (a) Unos pastores
    (b) María y José
    (c) Tres reyes
    (d) a y c
    (e) Ninguna de las opciones anteriores

12. ¿Cuántos ángeles le hablaron a los pastores?
    (a) Uno
    (b) Tres
    (c) Una «multitud»
    (d) Ninguna de las opciones anteriores

13. ¿Qué «señal» les dijeron los ángeles a los pastores que debían buscar?
    (a) «Vayan por aquí para encontrar al niño Jesús»
    (b) Una estrella sobre Belén
    (c) Un bebé que no llora
    (d) Una casa con un árbol de Navidad
    (e) Un bebé en un establo
    (f) Ninguna de las opciones anteriores

14. ¿Qué dijeron los ángeles?
    (a) «Al mundo paz, llegó Jesús»
    (b) «Aleluya»
    (c) «Nos ha nacido un salvador»
    (d) «Gloria a Dios en las alturas…»
    (e) «Gloria al recién nacido rey»
    (f) «Mi dulce Señor»

15. **¿Qué es una «hueste celestial»?**

    (a) El ángel en la puerta del cielo

    (b) El ángel que invita a la gente al cielo

    (c) El ángel que sirve tragos en el cielo

    (d) Un coro de ángeles

    (e) Un ejército de ángeles

    (f) Ninguna de las opciones anteriores

16. **Esa primera Navidad había nieve...**

    (a) Solo en Belén

    (b) En todo Israel

    (c) En ningún lugar de Israel

    (d) En algún lugar de Israel

    (e) María y José solo soñaron con una Navidad blanca

17. **El niño Jesús lloró...**

    (a) Cuando el doctor le dio una palmada

    (b) Cuando el pequeño de la batería comenzó a tocar

    (c) Como cualquier otro bebé

    (d) Nunca lloró

18. **¿Qué es el incienso?**

    (a) Un metal preciado

    (b) Una tela o género preciado

    (c) Un perfume preciado

    (d) Una historia de un monstruo oriental

    (e) Ninguna de las opciones anteriores

19. **¿Qué es la mirra?**

    (a) Un metal fácilmente maleable

    (b) Una especia utilizada para sepultar a las personas

    (c) Una bebida

    (d) Una loción para después de afeitar

    (e) Ninguna de las opciones anteriores

20. **¿Cuántos sabios fueron a ver a Jesús? (Escribe el número correcto). _____**

21. **¿A qué hace referencia la palabra «sabios»?**

    (a) Hombres educados

    (b) Reyes orientales

    (c) Astrólogos

    (d) Hombres lo suficiente inteligentes como para seguir a una estrella

    (e) Videntes

22. **Los sabios encontraron a Jesús:**

    (a) En un pesebre

    (b) En un establo

    (c) En una casa

    (d) En un hotel

    (e) De buen humor

23. **Los sabios se detuvieron en Jerusalén...**

    (a) Para informarle a Herodes sobre Jesús

    (b) Para averiguar dónde estaba Jesús

    (c) Para preguntar por la estrella que habían visto

    (d) Para comprar combustible

    (e) Para comprar obsequios destinados a Jesús

24. **¿Dónde podemos encontrar la historia de la Navidad para poder chequear todas estas preguntas ridículas?**

    (a) Mateo

    (b) Marcos

    (c) Lucas

    (d) Juan

    (e) Todas las anteriores

    (f) Solo a y b

    (g) Solo a y c

    (h) Solo a, b y c

    (i) En las fábulas de Esopo

25. **Cuando José y María se enteraron de que ella estaba embarazada de Jesús, ¿qué ocurrió?**

    (a) Se casaron

    (b) José quiso romper el compromiso

    (c) María se fue del pueblo por tres meses

    (d) Un ángel les dijo que fueran a Belén

    (e) a y d

    (f) b y c

26. **¿Quién les dijo a María y José que fueran a Belén?**

    (a) El ángel

    (b) La madre de María

    (c) Herodes

    (d) César Augusto

    (e) Alejandro Magno

    (f) Nadie les dijo que lo hicieran

27. **José llevó al niño Jesús a Egipto...**

    (a) Para mostrarle las pirámides

    (b) Para enseñarle sobre la sabiduría de los faraones

    (c) Para ponerlo en una canasta a orillas del río

    (d) Porque lo soñó

    (e) Para pagar los impuestos

    (f) José no llevó a Jesús a Egipto

    (g) Ninguna de las opciones anteriores

28. **Creo que este test fue...**

    (a) Súper

    (b) Genial

    (c) Fantástico

    (d) Todas las opciones anteriores

BÚSQUEDA LOCA

Instrucciones:

- **El objetivo es intentar recolectar los objetos que figuran debajo en un determinado tiempo.**
- **Si se dividen para realizar la búsqueda, deben permanecer en grupos de al menos tres personas.**
- **No pueden obtener más de un objeto por casa.**
- **Sean cuidadosos... ¡el mundo está loco!**

Objetos que deben recolectar

- Un dulce navideño.
- Un moño para regalo.
- Una tarjeta de Navidad (nueva o usada).
- Una foto de un árbol de Navidad de una revista.
- Una vela navideña.
- Un aviso de ofertas navideñas del periódico.
- Un adorno para el árbol de Navidad que ya no usen.
- Una receta de pan dulce o budín, o un trozo real de ellos.
- Un trozo de papel de regalo con motivos navideños.
- Una nuez (con cáscara).
- Una imagen de Santa Claus.

Pregúntenle a un niño de aproximadamente cinco años qué es lo que le pidió a Santa Claus.

Nombre del niño: _____ Edad: _____

_____   _____

_____   _____

Búsqueda de Navidad

Esta es una búsqueda del tesoro en la cual la meta es encontrar palabras que completen una oración relacionada con la Navidad. Por ejemplo, la oración misteriosa podría ser: «Encontrarán a un niño envuelto en pañales y acostado en un pesebre». Cualquier oración servirá. Las pistas estarán escondidas en distintos locales comerciales, y se requerirán tantos comercios como palabras tenga la oración. En cada tienda encontrarán una nueva palabra de la oración y una nueva pista. Puedes buscar diferentes grupos de locales comerciales para cada equipo, aunque la oración sea la misma para todos. Las pistas y la oración deben ser lo suficiente difíciles como para que los chicos deban ejercitar sus cerebros. Por ejemplo, una pista para llegar hasta un vivero puede ser: «Este juego crecerá en ti». Cuando los chicos lleguen a la tienda correcta, los equipos encontrarán una tarjeta que el amable comerciante ubicará en un lugar a simple vista. En esa tarjeta estará la palabra para la oración y la próxima pista.

El primer equipo en completar la oración, obteniendo todas las palabras y acomodándolas en el orden correcto, es el ganador. En ese momento deben llamar a un número indicado y se registrará en cuánto tiempo lo hicieron. El número telefónico puede estar en la última tarjeta (eliminando la posibilidad de hacer trampa adivinando la oración).

Este juego puede realizarse en cualquier momento del año simplemente cambiando el contenido de la oración. Debe realizarse durante el día para que los locales comerciales estén abiertos y puede llevarse a cabo en bicicletas o en un centro comercial. Los beneficios son muchos: cooperación y contacto con los comerciantes, publicidad gratis, trabajo en equipo, pensamientos sobre la Navidad, además de un montón de diversión.

—PADRE DAVID BAUMANN

Concurso de casas navideñas

Escoge un vecindario en tu zona que sea conocido por sus decoraciones navideñas extravagantes. Lleva a tu grupo a realizar un tour, entregándole a cada integrante una hoja y un lápiz para escribir sus puntuaciones. Determina diferentes categorías a juzgar, como por ejemplo: «La más creativa», «Sencilla y hermosa», «Superextravagante», etc.

Luego reúnanse nuevamente en la iglesia o una determinada casa para un refrigerio. Recolecta las hojas, cuenta los resultados y anuncia al ganador.

Pueden regresar a la casa ganadora y entregarle a los dueños un pequeño premio de parte de todo el grupo... ¡y quizás también puedan invitarlos a la iglesia!

—THEO OLSON

Paseo campestre en la ciudad

Los paseos en carretas con heno no solo pueden realizarse en el campo... también pueden disfrutarlos en plena ciudad. Utiliza camionetas abiertas y llénalas de heno... y chicos. Planea una ruta por calles no muy transitadas y mantén la velocidad muy baja. En la época de Navidad los chicos pueden ir cantando villancicos para que los escuchen aquellas personas que viven en edificios o condominios y salgan a sus balcones a saludarlos. Esta es una forma genial de desparramar un poco de alegría navideña.

—BILL SERJAK

Tour de compras

Entrégale a cada equipo dinero suficiente para que puedan comprar en un período determinado de tiempo objetos que sean:

» Verdes (como los árboles de Navidad).

» Aromáticos (como el incienso o la mirra).

» Rojos (como el traje de Santa Claus).

» Pegajosos (como un dulce de Navidad).

» Brillantes (como la estrella del oriente).

» Blancos (como la ropa interior blanca de Santa Claus).

» De madera (como el pesebre de Cristo).

» Duros (como el corazón de Herodes).

» Blandos (como la barriga de Santa Claus).

Las reglas son pocas:

» Un objeto cuenta para una sola categoría.

» Cada objeto debe ser diferente (por ejemplo, no puede ser un moño rojo y un moño verde).

» Solo cuatro de los objetos pueden ser comestibles.

» El envoltorio no cuenta (por ejemplo, una caja verde o roja no cuenta para algo verde o algo rojo).

» Los chicos deben traer los comprobantes de compra de cada objeto (en otras palabras, deben comprarlos en locales comerciales y no traer objetos que hayan encontrado).

» Deben permanecer dentro de los límites fijados de la ciudad o el centro comercial.

» Los jugadores deben comprar al menos en cinco tiendas diferentes.

Sé creativo con respecto a los premios para los equipos que compren todos los objetos: un premio para el que gastó menos dinero, el que compró las cosas más creativas, el objeto más grande, el más pequeño, etc.

—Mark Taylor

Aires de Navidad

Si la mayoría de los chicos de tu grupo son de la ciudad, la siguiente actividad puede ser muy significativa. Lleva al grupo de jóvenes a una granja o rancho donde haya un establo o granero, quizás similar al de aquella primera Navidad, y permite que los chicos imaginen cómo José y María deben haberse sentido teniendo que dar a luz a Jesús en un ambiente como ese. Quizás sea posible representar la escena del pesebre y cada uno de los jóvenes pueda ofrecerle simbólicamente un regalo a Jesús, tal como lo hicieron los sabios.

Canten canciones navideñas y realicen lecturas bíblicas adecuadas para generar una experiencia de adoración efectiva.

El evento navideño más temprano del mundo

El próximo año, sé el primero en realizar un evento navideño. Mientras algunos podrían llamarlo un «evento posterior a la Navidad», contabilízalo como el primero. Podrías llamarlo «A solo 359 días de la Navidad». Intenta realizar estas actividades y agrega otras que se te ocurran.

Tour de compras de Navidad: Para aprovechar las ofertas post navideñas, vayan a un centro comercial grande. Compren tarjetas, decoraciones y otras cosas que el grupo pueda usar el próximo año.

Proyectos de servicio: Mucha gente les lleva comida y regalos a los que están en hogares para ancianos y hospitales durante las semanas previas a la Navidad, pero también es necesario ayudar a estas personas a disipar la angustia que viene una vez que la Navidad pasó.

Del mismo modo, puedes organizar un proyecto de limpieza post navideña para ayudar a los vecinos a juntar y desechar toda la basura que queda luego de las fiestas (cajas, papeles, árboles, adornos rotos, etc.).

Vistas navideñas: Dado que muchas decoraciones y luces permanecen por lo menos una semana o dos después de la Navidad, planifica una salida de medio día en autobús (con comidas incluidas) para visitar edificios, parques o diferentes lugares de la ciudad conocidos por su extravagante ornamentación.

¿Por qué realizar un evento navideño tan temprano? A los chicos les encanta ser los primeros en hacer algo y les gustará lo novedoso de esta idea. Además, casi no hay gente en las calles el 26 de diciembre y todo es más fácil.

—Randy D. Nichols

Una fiesta de cumpleaños para Jesús

Organiza una fiesta de cumpleaños para Jesús en el mes de diciembre. Hazla completa, con la comida típica de los cumpleaños, un pastel o torta, obsequios hermosamente envueltos, etc. Los regalos deben ser cosas que puedan utilizarse en la iglesia (materiales para manualidades destinados a la Escuela Dominical, provisiones para la cocina, bolsas de basura, juguetes para la guardería infantil y otras cosas por el estilo). Puedes planificar la fiesta de manera que los más pequeños estén presentes para desenvolver los regalos y llevar cada uno al lugar que corresponda.

—Cheryl Ehler

La fiesta de cumpleaños de Santa Claus

Durante la época navideña, planifica una fiesta de cumpleaños para alguien del grupo. Anuncia mucho esta actividad e incluye la noticia de que Santa Claus se aparecerá en la fiesta con regalos para todos. Cada persona que vaya al festejo deberá llevar un regalo para el cumpleañero y un regalo adicional.

Aunque se supone que la fiesta es de cumpleaños, haz todo lo posible para enfatizar el hecho de que Santa vendrá. Cuelga carteles que digan BIENVENIDO SANTA y coloca el árbol de Navidad con los regalos en un lugar central. El cartel que diga FELIZ CUMPLEAÑOS y el pastel o torta de cumpleaños deben ser pequeños y no estar tan a la vista.

Durante la fiesta, jueguen y canten. Mientras estén cantando la canción «Feliz cumpleaños», haz que Santa se aparezca con sorpresas y regalos para todos. Sé muy efusivo durante su aparición, toma fotografías y haz que los chicos se sienten en su regazo.

Luego de que Santa se vaya, recién en ese momento recuérdales a los chicos de quién es el cumpleaños y pídele al cumpleañero que abra sus obsequios.

Al final del encuentro, tengan una charla sobre lo que ocurrió. ¿Qué le sucedió al cumpleañero? ¿Qué sintieron cuando Santa se robó toda la atención y pasó a ser el centro de la fiesta? ¿Te hubiera gustado ser la persona que cumplía años y para la cual se organizó la celebración?

—Dave Gilliam

Fiesta de disfraces navideña

Un toque exclusivo para una fiesta o actividad navideña puede ser que todos acudan disfrazados de algún personaje relacionado con la historia de la Navidad. Las opciones son muchas, como por ejemplo María, José, los sabios, el dueño de la posada, los pastores, Herodes, etc. Algunos también pueden caracterizarse como los animales que estuvieron en el pesebre, la estrella de Belén, un ángel… y la lista podría continuar. Igualmente pueden incluirse personajes navideños populares como Santa Claus, los renos, una caja envuelta para regalo, un soldadito de juguete, una muñeca y hasta un árbol de Navidad.

Entabla un diálogo sobre lo que significa la Navidad para cada uno desde la perspectiva del personaje o el objeto que están representando.

—Susan Norman

Navidad… ¡en julio!

¡Esta idea sí que es de otro planeta! Organiza una fiesta navideña con todas las de la ley en pleno mes de julio o agosto. Hazla bien completa, con decoración de Navidad, villancicos, obsequios y todo los demás. Si se realiza bien, puede crearse un espíritu realmente navideño. Pídeles a todos que traigan regalos para intercambiar. Créase o no, la historia de la Navidad causa un mayor impacto en esta época del año, cuando está separada de todo el ajetreo y el bullicio de la época navideña.

—Andy Stimer

Cena misionera de Navidad

Pídeles a los chicos de tu grupo que seleccionen a algunos misioneros que se encuentren en el exterior a los que la iglesia sostenga para que sean el centro y la razón de esta actividad navideña especial. El grupo debe conocer a los misioneros escogidos y estar en contacto con ellos por medio de correos electrónicos, a través de sus informes periódicos, etc. Luego comiencen a planificar una cena misionera en algún momento de noviembre o a principios de diciembre. Decoren el salón con motivos bien navideños y fotos y cartas de los misioneros, de manera que la gente pueda verlas.

El grupo de jóvenes cocinará y servirá las mesas. La comida puede incluir platos típicos del lugar en el que están sirviendo los misioneros. Los invitados a la fiesta serán los adultos de la iglesia. Después de un show de talentos y una presentación sobre el trabajo que están realizando los misioneros, se le pedirá a la gente que realice una ofrenda. La ofrenda luego puede enviárseles como un «bono de Navidad», algo que no reciben comúnmente. Una buena idea es realizar esta actividad lo más temprano posible (incluso a principios de noviembre), de manera que el dinero pueda llegarles antes de Navidad.

—Cherie Friend

Pizzas navideñas

Agasaja a tus adolescentes con unas deliciosas pizzas navideñas durante una de las reuniones o fiestas de diciembre. Con más o menos una semana de anticipación, encarga pizzas hechas con colorante natural verde, o agrégaselo tú mismo a la masa si es que decides hacerlas bien caseras... ¡y voilà, obtendrás pizzas verdes y rojas!

Los chicos llevarán la celebración a sus casas, ya que la masa verde a veces tiñe los dientes también. ¡Por supuesto, solo de forma temporal!

—Dave Mahoney

Villancicos con puntaje

Aquí tienes una nueva forma de animar a tus chicos a cantar villancicos este año. Divídelos en grupos y entrégale a cada uno un listado similar a este:

- » Comisaría – 300 puntos
- » Hospital – 250 puntos
- » Centro comercial – 200 puntos
- » Aeropuerto/Estación de autobús – 500 puntos
- » McDonald's (o algo similar en tu ciudad) – 100 puntos

Este listado puede incluir tantos lugares como quieras. Algunos pueden ser fáciles y otros no tanto. El objetivo para el grupo es ir a cantar villancicos a la mayor cantidad de sitios de la lista como puedan en un determinado tiempo. En cada lugar deben cantar tres canciones navideñas completas y después pedirle a un encargado que firme la lista para verificar que realmente estuvieron allí.

Una vez finalizado el tiempo, todos los grupos deben retornar a un punto de encuentro para determinar los ganadores, contar acerca de las diferentes experiencias y disfrutar de un refrigerio.

—Gerry Blundell

Búsqueda de villancicos

Crea quipos de «cantantes» y realiza una búsqueda del tesoro. Cada equipo recibe su propio conjunto de sobres con pistas y saca la primera del sobre 1, la cual los conducirá al primer lugar donde deben cantar un villancico (una casa, un sanatorio, un centro comercial, etc.). Envía a cada equipo a un lugar diferente. Una vez que el grupo llega a su primer destino, deberá cantar dos o tres canciones seleccionadas con anticipación. Luego deben abrir el sobre 2 y dirigirse al próximo lugar, y así sucesivamente. El destino final de todos los equipos debe ser una fiesta de Navidad que hayas preparado con juegos y refrescos.

Nieve de malvaviscos

¡Si estás cansado de celebrar la Navidad sin nieve, intenta con una nieve de malvaviscos! Renta una camioneta abierta que puedas rellenar con heno o paja, sube a tu grupo y vayan cantando villancicos por algunos vecindarios (chequea que no haya leyes que impidan viajar en la parte de atrás de una camioneta). Pídele a cada uno que lleve una bolsa de malvaviscos y realicen una falsa guerra de nieve arrojándose los malvaviscos unos a otros, siempre dentro del vehículo. Finalicen el recorrido en la casa de alguien y disfruten de un refrigerio.

—Mike Roberts, Tyler Becker y Kerri Davis

Concurso de calcetines

Para la fiesta de Navidad, pídele a cada joven que traiga un calcetín, cualquier tipo de calcetín menos uno tradicional navideño, de esos que se cuelgan en la chimenea. Cuelga los calcetines en un sector del salón, llénalos con regalos chistosos de bajo precio, golosinas y también coloca una nota de bendición para cada uno.

Luego los calcetines recibirán premios por ser el más sucio, el más limpio, el más raro y el más roto.

—Mark Simone

Debate navideño

Aquí te proponemos algunas preguntas muy efectivas sobre el nacimiento de Cristo que harán pensar a los chicos y los estimularán a debatir sobre el tema. Haz que anoten sus respuestas de forma individual y luego conversen en grupo.

[ver hoja de actividades pag. 88]

—Paul Young

Calcetines navideños

Pídeles a los chicos de tu grupo que decoren sus propios calcetines navideños. Entrega premios por categoría, como por ejemplo al más brillante, el más colorido, el más original, etc. ¿Quién sabe? Los calcetines con luces operados con baterías quizás sean el último grito de la moda.

—Carolyn Peters

Navidad es dar

Durante la época de Navidad, a menudo el énfasis está puesto en recibir. A fin de enfocarnos en Cristo y su colosal regalo de amor hacia nosotros, y de enfatizar el dar y el poner a otros antes que a nosotros mismos, distribuye copias del gráfico y la guía de debate siguientes, luego pídeles a los chicos que los completen.

[ver hoja de actividades pag. 89]

- » ¿Qué lista fue más fácil de completar?
- » De los artículos listados, señala con un asterisco las cinco cosas que más querrías de cualquiera de las dos listas y luego coméntaselas al grupo.
- » Ya has oído la frase: «Es mejor dar que recibir». ¿Es esto verdadero o falso? ¿Por qué?
- » ¿Por qué el hecho de DAR es tan importante en la época de Navidad?
- » Busca Juan 3:16. ¿Qué fue lo que Dios nos dio? ¿Por qué?
- » Busca Mateo 6:19-21. ¿Cuáles son los tesoros terrenales? ¿Cuáles son los tesoros en el cielo?

Siempre le damos importancia al acto de recibir, pero la Biblia pone el énfasis en dar y considerar las necesidades de los demás antes que las nuestras. Es fantástico recibir regalos de Navidad y todos disfrutamos ese día, pero pensemos cómo podemos darles a otros que son menos afortunados.

—Scott. R. Fairchild

DEBATE NAVIDEÑO

1) ¿Por qué Jesús se hizo hombre? (Busca Isaías 53 :5-6; Lucas 19 :10; Juan 1 :29; Hebreos 9 :22).

2) ¿Realmente piensas que Jesús nació de una virgen? Enuncia tus razones con evidencias. (Busca Mateo 1 :18-25; Lucas 1 :34-37; 3 :23; Gálatas 4 :4).

3) Ponte en el lugar de José. ¿Qué harías si tu prometida aparece de repente embarazada y sabes que no eres el responsable?

- ¿la apedrearías? (en esa época estaba permitido por la ley).
- ¿la golpearías hasta que te dijera quién es el responsable?
- ¿No permitirías que esto te molestara?
- ¿le darías la espalda?
- ¿le dirías a todo el mundo que eres el padre y te casarías con ella?
- ¿le pedirías sabiduría a Dios?
- ¿Harías algo que no está en este listado? (Explícalo).

4) ¿Por qué piensas que Dios escogió a José y María para ser los padres terrenales de Jesús? (Busca Mateo 1 :19; Lucas 1 :17, 28).

5) Si Dios alguna vez quisiera hacerlo de nuevo, ¿serías un buen candidato para ser uno de los padres terrenales de Jesús?

6) Comparte qué significa para ti el nacimiento de Cristo.

NAVIDAD ES DAR

Completa las siguientes listas con un artículo que comience con cada letra.
Cuando todos terminen, comparte con el grupo qué es lo que quieres y qué es lo
que quieres regalar.

N A V I D A D

LO QUE QUIERO

LO QUE QUIERO REGALAR

REGALOS EN EL ÁRBOL

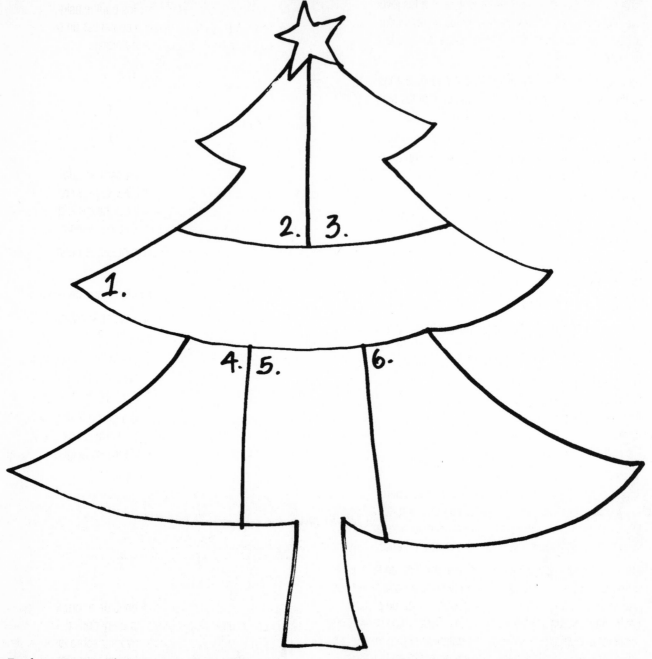

1. En el espacio 1, escribe un mensaje de Navidad que te gustaría darle al mundo.

2. En el espacio 2, dibuja el mejor regalo que alguna vez recibiste en Navidad (algo muy especial que represente un momento único dentro de tus recuerdos navideños).

3. A continuación, dibuja el regalo que más te gustaría recibir en esta Navidad. No es necesario que seas realista aquí, puede ser cualquier cosa.

4. Dibuja un regalo que le diste a alguien que fue especialmente apropiado y apreciado.

5. Dibuja el regalo que llevarías al pesebre (¿recuerdas a los sabios?). Deja que tu regalo diga algo sobre cómo ves a Cristo y cómo es tu relación con él.

6. En el sexto espacio, representa algunos de los regalos que Dios te ha dado.

7. En la base del árbol, escribe algunos de los sentimientos que este ejercicio ha hecho surgir en ti. ¿Cuál es el propósito de dar? ¿Por qué regalamos en Navidad? ¿Te sientes incómodo con respecto a algunos dibujos que has hecho? ¿Sientes orgullo? ¿Sientes deseos de agradecer?

Regalos en el árbol

Esta estrategia está diseñada para ayudar a los jóvenes a examinar los valores expresados en los actos de dar y recibir regalos, y obviamente es más adecuada durante la época navideña.

Haz copias del siguiente gráfico y entrégaselas a los chicos. Cada uno deberá «adornar» el árbol con dibujos simbólicos o palabras de acuerdo a las instrucciones.

Luego del ejercicio, pídeles que se dividan en pequeños grupos y compartan lo que dibujaron y escribieron en sus árboles de Navidad.

[ver hoja de actividades pag. 90]

—John Boller, Jr.

Palabras de Navidad

Haz una lista de palabras asociadas con la Navidad y asígnale un puntaje a cada una. Por ejemplo:

Natividad	10 puntos
Santa Claus	3 puntos
Regalos	5 puntos
Ángel	9 puntos
Pastores	10 puntos

Tu lista debe ser lo más completa que puedas, pero no es necesario que sea exhaustiva. Asígnale un puntaje a cada palabra de manera aleatoria teniendo en cuenta qué tan común es, el número de letras en ella, o algún otro criterio.

Luego pídele a cada joven que escriba una lista de las veinte primeras palabras relacionadas con la Navidad que le vengan a la mente. Cuando terminen, distribuye tu lista de palabras navideñas con los puntajes asignados. Cada chico deberá determinar el puntaje de sus propias palabras según los puntos de la lista maestra. Las palabras que no están en la lista que tú hiciste pueden recibir puntos extras.

Entrégale un premio a la persona con la mayor cantidad de puntos y otro premio gracioso al que haya obtenido el menor puntaje.

Por último, pídeles a los chicos que enumeren sus palabras de acuerdo a la importancia que tienen para ellos, donde la numero uno sea la más importante y la veinte la menos importante. O entrégales otro listado de palabras navideñas

que contenga tanto palabras religiosas como seculares y pídeles que hagan lo mismo. De esta forma, todos los chicos trabajarán sobre la misma lista y pueden compartir sus resultados unos con otros y comparar los puntos asignados a cada palabra. Es una buena manera de comenzar un debate sobre qué significa la Navidad para cada persona.

—Jim Olia

Antidad en Ácrema

La siguiente es una estupenda idea para Navidad que es posible leer como un sermón. Pueden realizarse copias y hacer comentarios después que todos hayan leído el escrito, o incluso también narrarse mientras se representa.

Aquí te proponemos algunas preguntas que pueden usarse para el debate posterior:

1. Si pudieras controlar la Navidad, ¿qué cambiarías?

2. ¿Qué crees que se debería hacer para que no haya confusión entre Antidad y Navidad?

3. ¿Consideras que lo mejor para la iglesia sería simplemente dejar de festejar la Navidad y celebrar el nacimiento de Cristo en algún otro momento?

4. ¿Cuál es la mejor manera de lograr que la gente entienda el verdadero significado de la Navidad? ¿Haciendo publicidad, realizando actividades en la iglesia? ¿Cuál?

[ver hoja de actividades pag. 92]

—Bill Serjak

Correo del lector

Léeles la siguiente carta a los jóvenes de tu grupo. Es una carta supuestamente publicada en un periódico. Les brindará un escenario actualizado para conversar sobre las emociones y opciones que tuvieron María y José al enfrentar el inusual embarazo de la joven.

[ver hoja de actividades pag. 94]

—Greg Asimakoupoulos

ANTIDAD EN ÁCREMA

(Una carta a casa)

Mis viajes me han llevado a un país extraño y maravilloso llamado Ácrema. Es una tierra de muchas contradicciones. Tiene altas montañas, pero también extensas llanuras. En ella hay vastos espacios abiertos y también ciudades atiborradas de gente. Incluso tiene una fiesta llena de contradicciones, una fiesta llamada «Antidad».

Los preparativos para este festejo duran unos cincuenta días, sin embargo, cuando por fin llega el momento y se supone que debe haber más algarabía, hay más calma que alegría. Es difícil distinguir si la razón de todo lo que ocurre en esta época del año es la fiesta en sí misma o su preparación.

Los preparativos son muy extraños. Comienzan cuando la gente compra grandes cantidades de tarjetas de cartón con imágenes y mensajes escritos en ellas. Las imágenes se refieren a varios temas. Algunas tienen escenas de nieve y hogares con leños ardientes. Otras son más modernas. Y algunas tienen dibujos de cómo los ciudadanos de Ácrema piensan que vivieron sus ancestros. Las imágenes no transmiten un tema central y los mensajes que muestran son igualmente confusos. En la mayoría de ellas se lee: «Felicidades», lo cual puede decirse en cualquier momento del año. Es muy difícil entender qué se supone que representa toda esta época de la Antidad.

Una extraña costumbre es la compra de regalos de Antidad, que conlleva un procedimiento muy dificultoso. Se realiza una lista y luego comienza un elaborado juego de adivinanzas: cada ciudadano tiene que adivinar el valor del regalo que cada amigo le enviará para que así él pueda enviarle uno de un valor similar, ya sea que pueda pagarlo o no. Además, unos a otros se compran regalos que ningún ser humano se compraría a sí mismo, de modo que los vendedores,

entendiendo a los clientes, exhiben toda clase de cosas inútiles y ridículas que no han podido vender en todo el año y terminan vendiéndolas como regalos de Antidad. Y aunque los ciudadanos de Ácrema manifiestan la falta de algunos elementos necesarios como metal, cuero, madera y papel, una cantidad increíble de estos materiales se malgasta cada año para fabricar este tipo de obsequios.

Cuando llega el momento de intercambiar los regalos debe expresarse una gran y profusa gratitud. Aunque los presentes sean generalmente inútiles y la gratitud casi siempre fingida, los ciudadanos de Ácrema deben representar un show de deleite. En ocasiones hasta deben enviar notas de agradecimiento para expresar su inexistente gratitud. Los vendedores de los regalos, así como también los compradores, se cansan indeciblemente por la tensión que producen las multitudes en todos lados y la gran cantidad de tráfico. Viven frenéticos intentando terminar todo a tiempo y necesitando constantemente detenerse y descansar. Este estado delirante se conoce en su lenguaje barbárico como el «ajetreo de Antidad». La gente se pone pálida y desanimada, de manera que cualquier extraño que visite Ácrema en esta época del año supondría que una gran calamidad ha acaecido sobre esta tierra. Cuando por fin llega el día del festejo, los ciudadanos de Ácrema, excepto aquellos que tienen hijos pequeños, duermen hasta el medio día, desgastados y exhaustos luego del «ajetreo de Antidad» y los excesos de las festividades. Al anochecer del día festivo, comen cinco veces más de lo que suelen comer normalmente, de modo que al día siguiente sus cabezas y estómagos están terriblemente adoloridos por las comidas y bebidas alcohólicas consumidas en demasía.

Las motivaciones para este comportamiento tan

extraño son confusas, incluso para nuestros mejores estudiosos. La motivación no podría ser de ninguna manera la alegría, ya que la mayoría de las personas parecen más desganadas que alegres. Nuestra mejor explicación es que su motivación debe tener su fuente en su adoración pagana. Hay una deidad que parece particularmente popular en esta época. Es una deidad un poco cómica y endeble, representada por un hombre que viste un traje rojo y una barba larga blanca. Parece ser un tótem inofensivo de una veneración al materialismo. Solo los niños pequeños lo toman en serio. Los adultos por lo general saludan a este tótem con una sonrisa condescendiente.

Mi opinión, la cual es compartida por varios estudiosos, es que quizás haya una conexión entre la adoración a esta deidad y el ritual anual llamado el «ajetreo de Antidad». Quizás este ajetreo es un tipo de autoflagelación que los ciudadanos de Ácrema creen que sus deidades requieren de ellos. ¿Por qué otra razón la gente se castigaría a sí misma de esta manera? Si no es para ayudar a sus deidades, el «ajetreo de Antidad» simplemente no tiene sentido.

Ahora bien, hay otro grupo en Ácrema, casi demasiado pequeño como para ser mencionado, que celebra una fiesta totalmente diferente en este momento del año. Ellos la llaman Navidad.

Esta celebración se centra en una historia antigua sobre un bebé que tuvo un nacimiento muy especial hace muchos, muchos años. Dice la historia que había señales en los cielos que proclamaban el nacimiento de este niño. Este bebé poco común se transformó en un hombre extraordinario. Afirman que podía caminar sobre el agua, sanar a los enfermos, devolverles la vista a los ciegos y resucitar a los muertos. Su vida fue absolutamente perfecta. Muchos dijeron que era el Hijo de Dios, alguien que ellos proclaman como el único Dios. Su vida fue corta, lo ejecutaron. Murió y fue sepultado. Aquellos que creyeron en esta persona aseguran que volvió de la muerte y se fue a los cielos. Los creyentes en estos sucesos dicen que esta persona volverá a juzgar al mundo. Sus seguidores declaran que solo aquellos que creen en él serán perdonados.

Por lo tanto, cada Navidad ellos vuelven a recordar el nacimiento de este hombre, que es su «Salvador». Continúan contando la historia de su nacimiento y utilizan figuras de su madre, un bebé nacido en un establo y otras imágenes que ayudan a recordarlo. Se reúnen la víspera de su nacimiento para cantar y adorarlo. Encienden velas y afirman que él es la verdad que vino al mundo como una pequeña luz y que ahora ilumina al mundo entero con su verdad.

Hablé con un sacerdote de uno de estos grupos y le pregunté por qué celebran la Navidad el mismo día que se festeja la Antidad. Me lo explicó, pero me pareció extremadamente confuso. Dijo que la fecha de la Navidad se había establecido hace mucho tiempo atrás y habían tenido la esperanza de que muchos ciudadanos de Ácrema la celebraran tal como lo hace este pequeño grupo, o que Dios pusiera en sus mentes el deseo de celebrar la Antidad en otra fecha del año o no hacerlo en absoluto. El problema es que la Antidad y todo su ajetreo distrae y aleja de las cosas sagradas incluso a las pocas personas que celebran la Navidad. Estaba contento de ver que los hombres se ponían felices en la Navidad, pero dijo que durante la Antidad ya no queda nada de regocijo.

Hecateo, con su habitual manera de simplificar al máximo los hechos, ha formulado la hipótesis de que la Antidad y la Navidad son lo mismo. Esto es completamente imposible. En primer lugar, las imágenes estampadas en las tarjetas de Antidad no tienen nada que ver con la historia sagrada que cuentan los sacerdotes. En segundo lugar, aunque la mayoría de los ciudadanos de Ácrema no creen en la religión de estos pocos, de igual modo envían regalos y tarjetas y participan de todo el ajetreo. Es poco probable que alguien sufra tanto por un Dios que no conoce. No, mi teoría encaja perfectamente excepto por aquellos que celebran la Navidad. Ellos son los extraños. No tengo idea de dónde pudo haberse originado la historia que cuentan... a menos que realmente haya ocurrido. ❖

Correo del Lector

No sé por dónde empezar. Solo unas pocas semanas atrás todo parecía perfecto. Mi vida era plena y feliz. Me gradué en la escuela con honores, mi padre me hizo socio en su empresa maderera, y luego de semanas de juntar coraje le propuse matrimonio a mi novia. El día después que mi padre me hizo su socio, ella me dijo que sí. ¡Me sentía tan exultante y enamorado! La vida parecía completa. Tenía salud, no tenía presiones y no me preocupaban las responsabilidades futuras que mi trabajo y mi matrimonio me traerían. Incluso mi fe estaba en un punto alto. He sido una persona religiosa toda mi vida (soy judío), pero recién hace poco he tomado real conciencia del amor y el poder de Dios. Mi rabino a menudo hace comentarios sobre la profundidad de mis creencias, mis convicciones morales y mis inquebrantables valores. Mi reputación como un exitoso hombre de negocio que no cree en el sexo antes del matrimonio me ha brindado varias oportunidades de predicarles a los jóvenes en la escuela sabática.

Sin embargo, mi sueño se ha transformado en una interminable pesadilla. Siento que mi vida se derrumba.

El viernes pasado me encontré con mi prometida luego del trabajo (nuestra rutina semanal). Enseguida pude ver por la expresión en su rostro que algo pasaba. Durante toda la cena intenté saber qué es lo que le ocurría, pero no pude lograr que ella hablara. Salimos del restaurante y fuimos a la sinagoga. No me pude concentrar en el servicio. Mi imaginación corría salvajemente con miles de fantasías... no me ama más... quiere cancelar la boda... quizás se esté muriendo... ¿tendrá cáncer?... ¿su padre habrá abusado de ella?... ¿habrá rechazado su fe judía para unirse a algún grupo gentil proselitista?

Por otro lado, quizás no eran malas noticias en absoluto. Quizás el compromiso de un año que habíamos acordado era demasiado largo para ella y simplemente quería acortarlo, pero tenía miedo de lo que yo pudiera decir. Sin embargo, eso no explicaba por qué no me había hablado durante toda la cena.

Las preguntas seguían surgiendo. Yo era una bolsa de nervios. Cuando salimos de la sinagoga estaba tan preocupado que no oí cuando el rabino me preguntó si estaba libre para hablar en el grupo de jóvenes la próxima semana. Tuvo que agarrarme del hombro para llamar mi atención. Le dije que tendría que pensarlo.

Estaba decidido a no llevar a María Elisabet a su casa hasta descubrir su secreto. Fuimos a comer un postre en uno de nuestros lugares preferidos. Me tomé mi tiempo haciendo mi pedido con la esperanza de que me diera toda la información de forma voluntaria. Aun así, no habló. Finalmente, mirando fijamente su café, comenzó a llorar. «Estoy embarazada», susurró.

El impacto me entumeció por completo. No hablé por el resto de la noche. Pagué la cuenta, caminamos hasta el automóvil, la llevé a su casa y me fui. Aquella noche lloré hasta quedarme dormido. Al día siguiente me desperté temprano, vacío de lágrimas, pero lleno de preguntas furiosas. ¿Cómo pudo hacerme esto? ¿No nos habíamos prometido guardarnos el uno para el otro? ¿Quién era él? ¿Cuánto hacía que estaban teniendo relaciones sexuales? ¿Quién inició todo? ¿Ella? ¿Cómo pudo existir esta persona sin que siquiera lo conociera? Yo era el único hombre en su vida, o eso había pensado. ¿Cómo María Elisabet compartía tal intimidad con otro cuando las cosas estaban tan bien entre nosotros? ¿No creía ella en las normas de Dios para tener relaciones exitosas? ¿Ya no respetaba nuestra fe?

La evadí durante toda una semana. No la vi, ni siquiera la llamé. Simplemente no podía hacerlo. Me dolía el corazón. Mi estómago me quemaba. No pude ir a trabajar mis primeros tres días de trabajo. Entonces, de repente, hoy se apareció cuando estaba cerrando el negocio. «Necesitamos hablar», dijo. «No puedo soportar esto, te amo».

«Si me amaras, no estarías en la condición en la que estás». Sin embargo, no pude evitar ver amor por mí en sus ojos y en todo ese rostro que yo atesoraba. Supe que todavía la amaba con todo mi corazón. Por eso estaba tan herido. No obstante, ¿cómo puedo seguir amando a alguien que duerme con cualquiera?

Finalmente, me obligué a mí mismo a hacerle la Pregunta, aunque mientras lo hacía pensaba si realmente quería saber la respuesta. «¿Quién es él?».

Ella miró hacia abajo. «No puedo decírtelo, no entenderías, no estoy segura de entenderme a mí misma. En realidad, no sé quién es».

«¿No sabes quién es?». Casi enloquezco en ese momento. ¿Con cuántos hombres ha estado como para no saber quién es el padre? «Tú quieres decir que no sabes quién es el padre porque... porque...». La idea era demasiado dolorosa para decirla en voz alta. Las palabras no salían de mi boca.

«No, mi amor», dijo ella. «No es eso en absoluto. Es que simplemente no puedo explicártelo ahora, pero quiero que sepas que aún te amo y deseo ser tu esposa». Mientras hablaba pude ver inocencia en su rostro... esa mirada que fue lo primero que me atrajo de ella.

«He hecho arreglos para irme de la ciudad por un tiempo», continuó. «Creo que es lo mejor para ti, para mí y para nuestras familias. Estaré en la casa de mi prima Elisabet, en el norte. Ella es una mujer especial. Siempre hemos sido muy unidas. En realidad, mis padres me pusieron Elisabet por ella. Estaré en buenas manos.

«A propósito, ella también está esperando un bebé». Buscó en su bolsillo. «Aquí es donde estaré», dijo entregándome un trozo de papel con un número telefónico escrito con lápiz. Luego dio media vuelta y se fue.

¿Qué debo hacer? Amo mucho a María Elisabet a pesar de mi enojo y mi ansiedad, pero de todas formas no puedo seguir adelante con el compromiso. Ha destruido mi confianza en ella. Sin embargo, el solo hecho de pensar en alejarme de esa chica me deja vacío por dentro. Por otra parte, la vergüenza y la humillación de estar embarazada sin estar casada serían insoportables en nuestra pequeña ciudad. Ella sería el blanco de incontables hostigamientos. Su reputación se arruinaría para siempre.

Al mismo tiempo, si me quedara con ella y fingiera que ese bebé es mi hijo, esto destruiría mi reputación. Todos mis consejos a los jóvenes sobre la castidad y el compromiso parecerían una broma. Y la integridad y la credibilidad que he establecido en mi negocio tardarían años en restablecerse.

¿Será este el momento de terminar con el embarazo? Esto haría que todo fuera más manejable. A ella todavía no se le nota. María Elisabet se salvaría de pasar tanta vergüenza, yo salvaría mi reputación...

quizás hasta nuestra relación se salvaría.

Todo estaría a salvo, excepto por esa pequeña vida. Qué ironía, ¿no? Por un lado me enorgullezco de mi moralidad y mis virtudes, y por el otro estoy listo para justificar un aborto si esto me puede beneficiar. Además, ¿quién sabe lo que este bebé puede llegar a ser algún día?

Realmente, no lo sé. Todo mi ser me dice que debo terminar con el compromiso y tratar de olvidar lo que pasó. Me importa demasiado María Elisabet como para hacerle una escena horrible, aunque en realidad se la merece. Podría decirle a todo el mundo que cancelé la boda, que decidí terminar con María y ella creyó que tenía que irse de la ciudad para escapar del dolor de una ruptura inesperada. Luego todo el mundo pensaría que quedó embarazada de algún otro hombre allá en el norte. Eso al menos reduciría un poco la infamia. Yo quedaría como el chico malo por cancelar la boda, pero no perdería mi reputación.

Entonces, ¿qué hago? ¿Me quedo con María Elisabet más allá de lo que piensen los demás? ¿La incito a abortar, ya que ella ni siquiera sabe quién es el padre? ¿Cancelo el compromiso y sigo con mi vida?

Novio devastado

Querido novio devastado:

Tu última idea es lo mejor que puedes hacer: déjala ahora y continúa con tu vida. Tu María Elisabet es una mentirosa patológica, tiene una imaginación muy frondosa o es increíblemente ingenua. Te mereces algo mejor. Sé que para ti es doloroso pensar en una vida lejos de ella, pero enfréntalo: hay más peces en el mar. Ella puede parecer muy especial, pero no es la chica para ti.

Para saber qué decidió finalmente hacer el novio devastado, lee Mateo 1:20-25.

Carta de María a José

Esta es una fantástica idea que puede usarse como disparador para un debate sobre la Navidad o el matrimonio. Incluso puedes seleccionar algunas cartas para leerlas en una reunión de adoración o como introducción para una charla sobre la Navidad.

Primero, haz que las chicas sigan estas instrucciones: piensa que eres María y escríbele una carta muy personal a una amiga cercana contándole sobre tu embarazo y todo lo que está ocurriendo con respecto al nacimiento de tu hijo, Jesús.

Luego haz que todos los varones sigan estas instrucciones: piensa que eres José y escríbele una carta muy personal a un amigo cercano contándole sobre tu compromiso con María, su embarazo y todo lo que está ocurriendo con respecto al nacimiento de tu hijo adoptivo, Jesús.

—Joyce Crider

El espíritu de la Navidad

Este disparador para tratar el tema de dar funciona mejor en campamentos o retiros durante la época navideña, aunque puede ser usado en cualquier momento del año. Decora el salón con motivos navideños y un lindo árbol de Navidad. Canten villancicos y lleven a cabo algunos juegos navideños. Luego comenzará la actividad principal utilizando grupos predeterminados que ya han traído regalos sin envolver (algunos obsequios útiles y buenos y otros inservibles y chistosos; un regalo por parte de cada equipo). Entrégale a los grupos mucho papel para envolver y cinta adhesiva y pídeles que envuelvan sus regalos en privado.

Coloca todos los paquetes bajo el árbol y haz que los grupos se intercambien los regalos. Algunos grupos estarán muy satisfechos con sus obsequios y otros no. Algunos habrán dado un buen regalo y recibido uno sin valor.

Utiliza las siguientes preguntas para motivar la discusión:

» ¿Cómo decidieron qué regalar?

» ¿Qué se siente al dar un regalo útil y bueno?

» ¿Qué se siente al dar un regalo sin valor?

» ¿Cómo se sienten con respecto al regalo que recibieron?

» ¿Cómo se sintieron al recibir un regalo poco útil cuando habían dado un regalo con valor?

» ¿Cómo se sintieron al recibir un regalo valioso cuando habían dado un regalo inservible?

» ¿Qué significa la Navidad para ti?

» ¿Cuál piensas que es el verdadero significado de la Navidad?

» Dios nos ha dado el mejor regalo, su único Hijo. ¿Cómo crees que se siente Dios con respecto a los regalos que nosotros le damos a cambio?

—Tommy Baker

Tu árbol de Navidad

Esta Navidad intenta esta simple sugerencia para decorar el árbol navideño del grupo. Luego de una breve charla sobre los símbolos que Cristo utilizó para sí mismo y aquellos que otros han usado, haz que cada joven confeccione varios objetos decorativos para el árbol que representen a Jesucristo. Asegúrate de tener suficiente cartón, marcadores de colores, tijeras, cinta adhesiva, etc. Te maravillarás de cuántos diferentes adornos tus chicos pueden realizar.

—Linda Storey

Tarjetas navideñas para Jesús

Pídeles a los chicos que creen tarjetas de Navidad para Jesús utilizando cartón, imágenes de revistas y tarjetas viejas, además de frases o versos que ellos inventen. Haz que piensen qué escribirían en una tarjeta si fuera a serle enviada a Jesús para su cumpleaños. Haz hincapié en la creatividad y la originalidad. También puedes sugerirles que le ofrezcan un regalo a Jesús junto con la tarjeta. Exhibe y conversen sobre los resultados.

—David R. Oakes

Tarjetas navideñas caseras

¿Por qué no hacer que tus jóvenes confeccionen sus propias tarjetas navideñas este año? Utiliza técnicas simples para imprimir imágenes o realiza collages con cartón y todo lo que se te ocurra. He aquí algunas formas en las que pueden usar las tarjetas que hagan:

» Si logran hacer una cantidad suficiente, hagan paquetes de cinco o diez y véndanselos a los miembros de la congregación con el objetivo de recaudar fondos a fin de comprar regalos para los niños necesitados.

» Pídele a tu pastor la lista de las personas de la congregación que se encuentran internadas en hospitales y sanatorios, luego asígnale a cada chico uno o dos nombres para enviarles una tarjeta.

» Envíenles tarjetas a los que viven en hogares de ancianos o a los que se encuentran en el sector de pediatría del hospital local.

—Marja Coons

Árbol navideño fotográfico

Si tu grupo de jóvenes tiene un árbol de Navidad, deberías probar esta gratificante idea. Tómale una fotografía a cada uno de los chicos o pídeles que traigan una. Haz que peguen sus fotografías en platos pequeños de papel. Realiza un orificio pequeño en la parte superior de cada plato y pasa por allí un pequeño trozo de hilo para poder colgarlos como si fueran adornos. Luego pídeles a los jóvenes que decoren su plato con crayones, marcadores y todo lo que puedas proveerles. Diles a los chicos que escriban un deseo de Navidad en la parte posterior del plato. Finalmente, cuelga los adornos en el árbol y anima a todos a leer los deseos escritos en cada plato.

—Charles Wiltrout

Viaje mental a Belén

Los jóvenes tienen una imaginación muy frondosa. Esta corta meditación les dará la oportunidad de usar esa imaginación para obtener una nueva apreciación de la historia de la Navidad. Simplemente lee el escrito que se encuentra a continuación mientras los chicos permanecen cómodamente sentados con los ojos cerrados. Léelo despacio, dándoles tiempo para que puedan imaginar cada escena. Siéntete en libertad de cambiar la lectura de manera que se adapte más al lugar donde viven (mar en lugar de río, llanuras en vez de montañas, etc.).

[ver hoja de actividades pag. 98]

—Sandy Peterson

Regalos para Jesús

Este año invita a tus jóvenes a realizar un intercambio de regalos en el cual compren obsequios para dárselos a Cristo. Establece un precio límite para gastar o pídeles a los chicos que los realicen ellos mismos. Deben estar envueltos como cualquier otro regalo de Navidad y cada uno colocará el suyo en el pesebre la noche de la celebración navideña del grupo. Permite que cada joven abra un regalo y que el que lo trajo explique por qué lo eligió y cómo Cristo podría usarlo. Por ejemplo, alguien quizás haya traído un par de calzado deportivo para niños y puede contar sobre un orfanato que los necesita. Al dárselo a uno de estos pequeños, se lo está ofreciendo en realidad a Cristo. «Les aseguro que todo lo que hicieron por uno de mis hermanos, aun por el más pequeño, lo hicieron por mí» (Mateo 25:40). Esta puede ser una buena forma de que los chicos entiendan el verdadero significado de la Navidad.

—Randy Pierce

El árbol de oración

Coloca un árbol de Navidad en el centro del salón principal de la iglesia. Decóralo con una cadena realizada con cartón rojo, hecha con eslabones enganchados unos con otros. Luego corta una buena cantidad de cintas de unos diez centímetros de todos los colores.

Cada domingo previo a la Navidad, explica que la cadena representa nuestras cargas individuales. Invita a los miembros

VIAJE MENTAL A BELÉN

Imagina que estás dejando la cómoda posición en la que estás y te pones de pie en este momento para salir del salón. Cuando abres la puerta, una cálida brisa te roza la cara. Es temprano en la tarde y mientras caminas en dirección a las montañas, sientes el fuerte calor del sol en tu espalda. Sigues caminando y te das cuenta del maravilloso paisaje veraniego que te rodea. El verde de la exuberante vegetación brilla sobre las montañas que descienden majestuosamente hasta un lago espejado, adornadas por rincones llenos de flores silvestres de vívidos colores.

Ahora ya cae la tarde. Ves a un grupo de personas en la cima de una de las montañas y caminas hacia allí para reunirte con ellas. El sol se está por esconder, pero una fogata ya ilumina todo el lugar con una luz cálida y atrayente. La noche se cierra sobre ti. Puedes oler la comida que están cocinando sobre el fuego y de repente sientes hambre. Te invitan a comer con ellos y pasar allí la noche. La comida es buena: pan caliente, carne asada, frutas de postre y café para la charla de sobremesa.

A medida que las estrellas van apareciendo en el cielo, comienzas a sentirte cansado por la larga caminata. Te acuestas y te cubres con una manta. El cielo se muestra claro y un millón de estrellas brillan en lo alto. Te quedas dormido.

De repente, la noche se vuelve tan brillante como el día. Tu corazón palpita con fuerza. Estás aterrado. Entonces escuchas una voz: «No tengas miedo. Un niño ha nacido en el pueblo que está aquí cerca. Este bebé tan especial es el hijo de Dios. Podrás encontrarlo en un pesebre».

Luego la noche se llena con un sonido como de miles de voces cantando la más hermosa canción que escuchaste en tu vida: «Gloria a Dios y paz sobre la tierra», una y otra vez. «Gloria a Dios y paz sobre la tierra». Tu miedo se desvanece. Las luces se retiran y las voces se disipan. Miras a la gente que se encuentra a tu alrededor. Todos saben que deben encontrar a ese bebé.

Corres montaña abajo, a las afueras del pueblo, a las cuevas donde los animales son guardados durante la noche. Hay luces en algunas de ellas. Corres de una cueva a otra hasta que encuentras lo que has estado buscando: un pequeño bebé. Entras en puntas de pie para verlo. Una vaca muge suavemente mientras avanzas. Los padres del bebé te miran sorprendidos. Contemplas al bebé dormido y les cuentas a sus padres lo que ha sucedido esa noche. Te das vuelta despacio y te vas. Vuelves a la montaña y los demás calladamente se reúnen contigo. Cada uno tiene su propia opinión sobre este bebé.

Cuando llega la luz del día, te despides de tus amigos y comienzas a caminar de regreso a casa entre el verde césped y las flores. Llegas, pasas la puerta, vuelves al salón y te sientas. Lentamente, abres tus ojos...

de la congregación a pasar al frente, tomar un eslabón de la cadena, y reemplazarlo con una cinta de color atada en forma de moño en una de las ramas del árbol. Las cintas simbolizan la esperanza de que Dios tomará la carga específica que cada persona tiene en su mente.

Si el último domingo anterior a la Navidad todavía queda algún eslabón de la cadena, quítalo y pon en su lugar una cinta. El domingo navideño el árbol estará completamente «florecido» con símbolos que representan la esperanza de que Emanuel vino a liberar a su pueblo y estar entre ellos.

—David Washburn

EL SIGNIFICADO DE LA NAVIDAD

Objetivos de Año Nuevo en Navidad

Utiliza esta actividad para ayudar a los jóvenes y sus familias a establecer una tradición familiar única consistente en fijarse objetivos para el Año Nuevo, conversar sobre ellos y revisarlos cada año.

Entrégale a cada chico los siguientes materiales:

- » Una cajita de cartón pequeña, como para guardar anillos.
- » Un trozo de papel de regalo de 15 x 30 centímetros.
- » Una etiqueta para regalo.
- » Un moño.
- » Un lápiz.
- » Cinta adhesiva.

Pídeles a todos que coloquen el trozo de papel de regalo con la parte decorada hacia abajo. Haz que los chicos escriban en él una carta a sus familias agradeciéndoles por cosas tales como ser unos padres o hermanos maravillosos, comprensivos, alentadores, etc.

Luego deben escribir un objetivo en el que van a trabajar durante el próximo año para mejorar la calidad de la familia, hacer que la vida en casa sea más especial o ayudar a otros. Por ejemplo, alguien puede escribir: «Quiero ser más paciente este año», «Espero administrar mejor mi mensualidad» o «Quiero pasar más tiempo con mi familia en casa».

Una vez que los chicos han terminado de escribir sus cartas, deben firmarlas y envolver las cajitas con el papel de regalo (ahora con la cara decorada hacia afuera) y ponerles el moño. Utilizarán las etiquetas para escribir los nombres de los miembros de la familia a quienes les darán los regalos. Es aconsejable que escriban tanto los nombres como los apellidos, para que los paquetes no se mezclen durante la fiesta.

Por último, explícales a los jóvenes cómo finalizar esta actividad con sus familias. Deben colocar las cajas en el árbol familiar. En lo posible deben ser abiertas al final, cuando toda la familia intercambie los regalos la víspera o el mismo día de Navidad. Luego de que el joven haya leído sus objetivos para ese año, todos los miembros de la familia escribirán los suyos en el mismo trozo de papel. Léanlos y conversen sobre ellos, luego vuelvan a envolver la cajita con el mismo papel y colóquenla una vez más bajo el árbol. Cuando pase la Navidad y guarden el árbol y toda la decoración, guarden también con ellos la cajita de regalo envuelta. Una vez que llegue la Navidad al año siguiente, desenvuelvan la cajita para ver qué tan bien les ha ido a todos con los objetivos que se habían propuesto.

Esta actividad puede convertirse en una tradición familiar. Aunque los recuerdos de los objetivos en sí mismos puedan desaparecer con el tiempo, seguramente se establecerá un vínculo entre los miembros de la familia, porque recordarán los momentos en que toda la familia pensaba en formas de crecer juntos, ser un poco más pacientes y fortalecer la unidad familiar.

—Michael W. Capps

EL SIGNIFICADO DE LA NAVIDAD

El verdadero significado de la Navidad

Este estudio bíblico hará que los chicos encuentren en las Escrituras el verdadero significado de la Navidad y permitirá que vean el mensaje navideño en otros lugares de la Biblia, además de en los Evangelios.

[ver hoja de actividades pag. 100]

Respuestas:

1. Cristo Jesús
2. Habitó – Gloria
3. Envió – Rescatar – Adoptados
4. Emanuel
5. Salvación
6. Gracias
7. Fuerte
8. Ángel – Miedo
9. Unigénito – Sacrificio – Pecados

EL VERDADERO SIGNIFICADO DE LA NAVIDAD

Completa los espacios en blanco buscando versículos en la Biblia (versión NVI).

_____ vino al mundo a salvar a los pecadores (1 Timoteo 1:15).

Y el Verbo se hizo hombre y _____ entre nosotros. Y hemos contemplado su _____, la gloria que corresponde al Hijo unigénito del Padre, lleno de gracia y de verdad (Juan 1:14).

Pero cuando se cumplió el plazo, Dios_____ a su Hijo, nacido de una mujer, nacido bajo la ley, para _____ a los que estaban bajo la ley, a fin de que fuéramos _____ como hijos (Gálatas 4:4-5).

La virgen concebirá y dará a luz un hijo, y lo llamarán _____ (que significa «Dios con nosotros») (Mateo 1:23).

En verdad, Dios ha manifestado a toda la humanidad su gracia, la cual trae _____ (Tito 2:11).

¡_____ a Dios por su don inefable! (2 Corintios 9:15).

Y se le darán estos nombres: consejero admirable, Dios _____, Padre eterno, Príncipe de paz (Isaías 9:6).

Pero el _____ les dijo: «No tengan _____. Miren que les traigo buenas noticias que serán motivo de mucha alegría para todo el pueblo. Hoy les ha nacido en la ciudad de David un Salvador, que es Cristo el Señor...» (Lucas 2:10-11).

Así manifestó Dios su amor entre nosotros: en que envió a su Hijo _____ al mundo para que vivamos por medio de él. En esto consiste el amor: no en que nosotros hayamos amado a Dios, sino en que él nos amó y envió a su Hijo para que fuera ofrecido como _____ por el perdón de nuestros _____ (1 Juan 4:9-10).

Regalo alternativo de Navidad

¡Refuerza el concepto de una Navidad no comercial! Diseña una tarjeta de Navidad con el siguiente mensaje para entregarles a los jóvenes de tu grupo.

—RANDY NICHOLS

Querido amigo:

El rito anual de dar regalos en Navidad es muy divertido para los niños, pero también puede ser motivo de estrés para los adultos. Por eso, si vas a gastar dinero en mí este año, en lugar de eso recuérdame dándome una nota, incluso puedes entregármela después de las fiestas. Y luego destina el dinero que ibas a gastar en un regalo para mí a comprar algo para los pobres, los necesitados o los que están solos. (Según Mateo 25:35-40 esto parece ser lo más apropiado para el cumpleaños de Jesús.)

¿Quién sabe? ¡Quizás comencemos una nueva tradición navideña libre de estrés!

Cupones navideños

La siguiente actividad generará creatividad en los chicos y también hará que te ganes el cariño de sus padres.

Durante un encuentro de jóvenes algunas semanas antes de Navidad, entrégale a cada chico doce tarjetas de unos 7 x 12 centímetros de diferentes colores, una buena cantidad de stickers, revistas viejas que puedan recortar, lápices de colores, bolígrafos, marcadores y todo lo que tengas a mano.

Pídeles que diseñen cupones de servicio que su familia pueda utilizar una vez por mes (un servicio por cupón). Los cupones deben ser diseñados para reflejar la clase de servicio en la que son buenos: lavar los platos, diez minutos de buena conversación, pasar la aspiradora por toda la casa, sacar la basura durante una semana, obedecer a un pedido de los padres sin quejarse, etc.

Los chicos pueden inventar sus propios servicios, decorar sus tarjetas y ponerlos en atractivos sobres con la explicación de cómo hacer efectivos los cupones. Los padres simplemente se presentarán ante sus hijos con un cupón y el adolescente de buena gana realizará el servicio. Esta puede ser una herramienta fantástica para promover una relación familiar saludable.

—ED LAREMORE

Lista de Navidad para padres

Cada Navidad los padres de los adolescentes se preguntan qué les podrían regalar a sus hijos para ayudarlos a crecer como cristianos maduros. ¡Y aquí es donde tú, su líder de jóvenes, haces tu gran aparición!

Durante noviembre, confecciona un listado de Biblias, libros para devocionales, libros sobre temas específicos y música cristiana moderna que esté disponible en las librerías cristianas de la ciudad o sitios de compras en Internet y entrégaselo a todos los padres. Especifica los precios, escribe una breve descripción de cada uno, e incluso indica cuál es tu preferido en cada categoría. Asegúrate de mantener la lista actualizada todos los años.

Y ya que están haciendo listas, ¿por qué no hacer una solo con recursos para los padres? Tus listas se convertirán en una forma de afectar positivamente la vida de los chicos y también las de sus padres a lo largo del año.

—MICHAEL MCKNIGHT

Postales navideñas

Recicla viejas tarjetas de Navidad convirtiéndolas en postales navideñas para un proyecto de servicio del grupo. Simplemente pídeles a los chicos que recolecten tarjetas usadas que no tengan escrita la parte de atrás de la portada. Corta las tarjetas a la mitad y entrégales a los jóvenes los nombres de los ancianos de la congregación y también de las personas que vivan solas. Permite que escojan uno o dos (o más) y les escriban un saludo navideño en las postales recicladas. Pueden mandarlas por correo o llevarlas personalmente.

—DAVID WASHBURN

Regalo de Navidad animado

Aquí tienes una sugerencia inteligente y significativa para regalar que se volverá más valiosa a medida que pasen los años. Pídeles a los chicos que filmen una entrevista a sus abuelos en la que cuenten alguna experiencia significativa de sus vidas. Luego pueden enviarla a cada uno de los familiares como un hermoso regalo de Navidad.

Tarjetas creativas escritas

En el primer encuentro de jóvenes de diciembre, pídele al grupo que confeccione tarjetas artísticas caseras que servirán para animar y alentar a otros miembros de la congregación. Entrégales una variedad de artículos de librería como sobres, cartón de colores, pegamento, una gran cantidad de bolígrafos, marcadores, tijeras, etc.

Reparte algunos directorios de la iglesia para que los chicos puedan elegir a quién enviarles las tarjetas. Quizás decidan enfocarse en los graduados del grupo de jóvenes que ahora están en la universidad, sus padres, o los ancianos de la congregación que no pueden salir de sus hogares.

Junto con los saludos navideños, que informen también sobre las actividades que ha estado realizando el grupo recientemente y las que planean llevar a cabo durante el año.

—Michael Bell

Calendario navideño I

En los cuadros de este calendario no hay fotografías de pájaros, los reyes magos o soldaditos de juguete, sino información sobre las actividades de diciembre. Por ejemplo, puedes diseñar treinta y un cuadros y completar los que no tienen actividades programadas con versículos bíblicos o simplemente cortar tantos recuadros como actividades haya en el mes.

—Daryl Wright

Calendario navideño II

Prueba este calendario especial para sumergir a tus jóvenes en el espíritu navideño y mantenerlos al tanto de las actividades de esta época. Registra los días en los que habrá actividades del grupo o de toda la iglesia. En los días que quedan en blanco, agrega sugerencias para «proyectos especiales»:

» Limpia tu cuarto y decóralo para Navidad.
» Lleva latas de comida a lugares que las necesiten.
» Prepara la cena para tu familia y lava los platos.

—Dianne E. Deming

Aviso publicitario navideño

Durante el mes de diciembre, anima a los jóvenes a que prueben sus habilidades para diseñar un aviso publicitario similar al que se muestra aquí y publicarlo en un periódico local. Esta es una manera práctica de provocar una conversación entre los chicos sobre la efectividad y la conveniencia de llevar a cabo una gran publicidad sobre Cristo.

—Keith Curran

¿Presionado por el ajetreo navideño?
¿Apurado por lograr comprar todos los regalos?

Este año hágase un regalo a usted mismo y relájese en la iglesia _____.

Tómese un breve receso y renuévese en:

_____
_____

La Navidad es el nacimiento de Cristo. Conozca a Cristo esta Navidad.

Árbol navideño con folletos

Consigue permiso para colocar un árbol de Navidad en un centro comercial o algún otro lugar público y varias semanas antes de la Navidad comienza a gestionar la compra de buenos folletos navideños (pídele ayuda a tu pastor). Enrolla los folletos, envuélvelos en papel celofán de varios colores y asegúralos con una cinta para colgarlos con ellas en el árbol de Navidad. Para que el árbol quede vistoso cuelga también adornos tradicionales.

Necesitarás un grupo de chicos que canten canciones navideñas (o música grabada si no existe la posibilidad de cantar en vivo) y también deberás contar con la ayuda de voluntarios que estén cerca del árbol para tomar los folletos, entregárselos a la gente que se acerque y conversar con ella.

Asegúrate de tener folletos adicionales para ir reponiéndolos en el árbol.

La Navidad es un momento especial para comunicar el amor de Dios, y esta puede ser una forma efectiva de hacerlo.

—Geri Mitsch

SALIDA

Paseo navideño

Esta idea realmente hará que la historia de la Navidad cobre vida. En un parque público de la ciudad (con la correspondiente autorización) arma varias escenas navideñas en las que participen los chicos del grupo. Haz que sean lo más auténticas posibles, con animales, luces de colores, etc. Cada escena debe tener su propio cartel de aproximadamente 1,50 x 2,50 metros en forma de pergamino en el que estén escritos versículos bíblicos relacionados con cada representación.

La idea es que la gente vea las escenas desde sus automóviles. Cuando comienzan el recorrido se encuentran con un punto de bienvenida donde se les entrega un itinerario con la explicación de las escenas. Los automóviles luego conducen pasando por cada una de ellas con las luces apagadas. (El camino debe estar iluminado con pequeñas linternas o velas dentro de bolsas de papel con arena.)

Luego de observar todas las representaciones, los automóviles se dirigen hacia la salida, donde se les agradece por haber venido y se les recuerda encender las luces nuevamente. Una vez finalizado el recorrido, es una buena idea mostrar una breve película relacionada con la Navidad en algún salón cercano cada veinte minutos. Toda esta actividad puede durar unas dos horas y los jóvenes pueden participar por turnos.

Es importante realizar una buena publicidad en toda la comunidad a través de periódicos, la radio, la televisión, etc. La gente que está realizando las últimas compras disfruta de las escenas, especialmente si se realizan dos o tres días antes de Navidad. Cualquier escena navideña funcionará: María y José camino a Belén, el tradicional pesebre, los sabios siguiendo la estrella, la aparición de los ángeles a los pastores, etc. Esta actividad es muy efectiva. Puede comenzar siendo una actividad de la iglesia para convertirse luego en una tradición de la ciudad.

—Don Hinkle

SERVICIO

Retiro navideño

Si estás buscando una actividad significativa para tu grupo de jóvenes, te proponemos realizar un retiro navideño de servicio. Es un evento que dura treinta y seis horas y debe realizarse aproximadamente una semana antes de la Navidad, un viernes y sábado. Aquí tienes un posible horario, adáptalo a la realidad de tu grupo y tu ciudad.

[ver hoja de actividades pag. 104]

—Douglas Janetzke

SERVICIO

Regalos de Navidad para Jesús

Entrégales una copia del siguiente cuadro a los jóvenes del grupo a fin de hacer que Mateo 25:40 se haga una realidad para ellos. Aquí presentamos ideas concretas para darle a Cristo un regalo de Navidad sirviendo «a los más pequeños».

[ver hoja de actividades pag. 105]

—Tom Lytle.

SERVICIO

Libros navideños para colorear

¡Así es! Tus jóvenes pueden crear libros caseros para colorear y regalárselos a los niños que se encuentran internados en los hospitales de tu ciudad.

Pídeles a los chicos del grupo que cada uno realice un par de dibujos sobre temas navideños. Deben ser muy simples, con pocas líneas y muchos espacios en blanco para que los niños puedan colorearlos. Solicítale a uno de tus artistas que diseñe una tapa para el libro y a otro que escriba la historia de la Navidad (Lucas 2:8-14), la cual irá en la contratapa. Haz unas doscientas o trescientas copias de cada dibujo, la tapa y la contratapa, y arma luego los libros (puedes pedirle ayuda o consejo a una imprenta de tu ciudad).

Cuando esté comenzando la época navideña, realiza visitas programadas a los diferentes hospitales locales y entrégales a los niños los libros para colorear y una caja de crayones.

Si necesitas cubrir los gastos, puedes venderles algunos libros a los miembros de la iglesia. Si no lo necesitas, también puedes venderlos, pero destinar las ganancias a una misión.

—Timothy Wilkey

RETIRO NAVIDEÑO

VIERNES

7 p.m.: Reunión de adoración dirigida totalmente por los jóvenes, enfocándose en el sentido práctico de la Navidad.

8 p.m.: Se cierran las puertas... ¡y a trabajar! Empiecen confeccionando pequeños regalos artesanales para el hogar de ancianos que visitarán al día siguiente. Luego envuelvan regalos para los niños y las familias que están en el hospital local (o en cualquier hospital o sanatorio). A continuación armen canastas con alimentos para la gente necesitada (realicen con anticipación una colecta de alimentos en la congregación y también junten fondos en la reunión de jóvenes). La comida para las canastas puede ser comprada por los mismos chicos como parte de una actividad anterior.

12 a.m.: Los chicos duermen en el lugar del retiro.

SÁBADO

8 a.m.: Desayuno.

9 a.m.: Entrega de las canastas a los necesitados.

12 a.m.: Almuerzo.

2 p.m.: Visita al hogar de ancianos y entrega de regalos.

4 p.m.: Visita al hospital de niños y entrega de regalos.

7 p.m.: Cena.

9 p.m.: Reunión de Navidad con canciones y números especiales. Cierre con la Cena del Señor.

HAZLE UN REGALO DE NAVIDAD A JESÚS

¡Así es! Este año escucharás acerca de los regalos que él nos ha hecho, sin embargo, ¿por qué no ofrecerle un regalo a él también? «Les aseguro que todo lo que hicieron por uno de mis hermanos, aun por el más pequeño, lo hicieron por mí» (Mateo 25:40). Por lo tanto, aquí tienes algunas ideas prácticas para «regalarle» a Jesús. ¡Seguramente a ti se te ocurrirán muchas más!

- Entrégale el dinero que ganaste durante un día al Ejército de Salvación o alguna otra organización similar.

- Sé voluntario un día o una noche por mes o una semana durante un año en un hogar de ancianos u hospital.

- Dona tiempo y servicio voluntariamente en tu iglesia (lava platos en la cocina, ayuda a acomodar el salón para ciertas actividades, etc.).

- Organiza una recolección de ropa y dónala a una institución de caridad.

- Una vez por mes, durante un año, cuida los niños de una madre que esté sola.

- Visita a las personas internadas en los hospitales simplemente para conversar o realizar algún juego.

- Haz diligencias o limpia la casa de una persona anciana.

- Confecciona un «libro de cupones de servicio» y entrégaselo a tus padres («Este cupón vale por una limpieza de la casa cuando me lo soliciten», «Este cupón vale por sacar la basura toda la semana», etc.).

- Ofrécete como voluntario para enseñar en la Escuela Dominical durante el verano.

- Haz títeres de papel para los niños de la Escuela Dominical.

Ropa para Navidad

En lugar de organizar una recolección de juguetes para los niños de tu ciudad, este diciembre pídeles a tus jóvenes que traigan alguna prenda de vestir de ellos que esté en buen estado para donarla a los que las necesitan.

—Scott Cunningham

Tarjeta navideña XL

Esta es una idea «gigante» que las personas convalecientes en los hospitales o que residen en hogares de ancianos realmente apreciarán.

Pídeles a los chicos de tu grupo que consigan una caja de nevera para que la pinten y la decoren de manera que parezca una gran tarjeta de Navidad. Escriban un saludo y todos los nombres de las personas a las que irán a entregársela. (Deberán conseguirlos con anterioridad junto con la autorización.)

Uno o dos días antes de Navidad, lleven la tarjeta al lugar elegido. Entren cantando un villancico y vayan por los pasillos con la tarjeta gigante. ¡A las personas que visiten les encantará ver sus nombres en ella! Luego déjenla en el lugar como un regalo navideño.

—Jim Johnson

Subasta de obsequios navideños

Esta actividad es en parte para hacer publicidad y en parte para recaudar fondos. Debe realizarse en diciembre, pero es necesario comenzar a trabajar varios meses antes para que tenga éxito. Si lo haces, puede convertirse en una tradición para tu grupo.

La idea es simple:

En primer lugar, decide cómo se utilizará el dinero que recauden en la subasta. Pueden destinarlo a alguna causa mundial como Compasión Internacional, Habitat para la Humanidad, etc. O también pueden apoyar a alguna institución local como hogares de ancianos, agencias de adopción, refugios para personas sin familia o mujeres abusadas, becas para campamentos de tu propia iglesia, etc.

Luego consigue artículos o servicios para subastar, como por ejemplo: bonos para cenar gratis en restaurantes; descuentos en gimnasios, tiendas y peluquerías; juguetes; artículos para el hogar y todo lo que puedan obtener.

Asigna un joven por comercio para que estos no sean bombardeados con pedidos. Escribe una carta muy respetuosa que tus chicos pueden utilizar para presentarse a sí mismos y al grupo de jóvenes y que describa el objetivo de la subasta.

Además de recordarles a los comerciantes que estas donaciones son deducibles de impuestos, convéncelos ofreciéndoles hacer publicidad gratuita durante toda la actividad, que será del conocimiento no solo de los asistentes a la subasta, sino de toda la congregación (eso sin contar que los productos que se subasten también constituyen una publicidad en sí mismos).

Una semana antes de la subasta, envía un anuncio o una gacetilla de prensa a los periódicos y radios locales informándoles sobre el evento. Cualquier tipo de cobertura que realicen será publicidad gratuita.

Asegúrate de tener uno o dos buenos martilleros que hagan que la subasta sea un éxito.

Una buena fecha para realizarla es a principios de diciembre, ideal para los que quieren comenzar temprano sus compras navideñas.

—Terry O. Martinson

Correo navideño

Aquí tienes una idea a fin de recaudar fondos para las misiones o cualquier otro proyecto en la época de Navidad.

Construye una caja de madera laminada con compartimentos (al menos veinticinco) lo suficiente grandes como para que quepan sobres con tarjetas y cartas navideñas.

Píntala, etiqueta cada compartimento con las letras del abecedario y luego colócala en un lugar bien visible dentro de la iglesia.

Anúnciale a toda la congregación que está funcionado el correo navideño e invita a todos a que se envíen unos a otros tarjetas de Navidad simplemente colocándolas en el lugar adecuado y pagando un costo mínimo. Todas las semanas los miembros podrán chequear si tienen correo buscando en el compartimiento que tenga la primera letra de su apellido.

Ya hay muchas iglesias que lo han implementado y cada año es más exitoso que el anterior.

—Larry Lawrence.

RECAUDACIÓN DE FONDOS

Empaquetar para ganar

Unos días antes de la Navidad, planifica una actividad para recaudar dinero envolviendo regalos navideños en alguna tienda grande de tu ciudad (Wal-Mart, por ejemplo). Compra papel de regalo, cajas y cintas para moños en un comercio que venda al por mayor.

Con la debida autorización, instala un puesto en un lugar estratégico de la tienda y pídele al encargado que anuncie tus servicios por el altavoz durante todo el día. Te aseguro que los cientos de compradores apurados por el ajetreo navideño estarán extremadamente agradecidos por tus útiles servicios. Puedes fijar una tarifa accesible por paquete o poner una caja para que cada cliente deje la cantidad de dinero que desee.

—MARK REIERSON.

RECAUDACIÓN DE FONDOS

Papel de regalo casero

La siguiente manera de recaudar fondos es muy económica y les dará a tus jóvenes la posibilidad de utilizar sus habilidades artísticas. Compra un rollo grande de papel para envolver color marrón (papel madera) en un comercio que venda al por mayor para conseguir mejor precio. Corta esponjas con formas simples de motivos navideños como árboles de Navidad, estrellas, campanas, etc.

Haz que los chicos pinten el papel marrón con las diferentes esponjas embebidas en pintura acrílica, creando diseños únicos. Asegúrense de que cada color se seque antes de agregar otro. Midan el papel y corten trozos de unos dos metros. Enróllenlos y átenlos con yute natural.

Publiciten la venta de papel de regalo en los boletines de la iglesia durante noviembre y diciembre. Para exhibir los rollos pueden envolver cajas de diferentes tamaños, atarlas con yute y colocar los rollos en ellas.

—HEATHER MONKMEYER

RECAUDACIÓN DE FONDOS

El árbol del amor

Coloca un árbol de Navidad en el vestíbulo de la iglesia y cuelga en él solo algunos adornos navideños, dejándolo visiblemente vacío. Pon una caja con ganchos para adornos bajo el árbol y otra para las donaciones.

La idea es que cada miembro o familia de la iglesia cuelgue una tarjeta navideña con un saludo para toda la congregación

en vez de enviar muchas tarjetas individuales por correo. Las tarjetas se cuelgan con los ganchos y se les pide a las personas que dejen como donación lo que hubieran gastado comprando y enviando muchas tarjetas... ¡o más!

Por lo general la gente responde mejor a estas iniciativas si saben que hay un proyecto específico al cual se destinará el dinero, como un proyecto misionero, una compra de juguetes para un orfanato, etc.

—LARRY D. SPICER

TEATRO

Melodrama navideño

Este es un melodrama espontáneo estupendo que no requiere ensayo. Los personajes son seleccionados entre el público y luego se les entregan los accesorios necesarios. El locutor simplemente lee el guión mientras los personajes hacen de manera espontánea lo que indica el libreto. Busca personas que crees que sobreactuarán los personajes y se divertirán con sus roles.

[ver hoja de actividades pag. 108]

—TOM LOWRY

MELODRAMA NAVIDEÑO

Nuestra acción tiene lugar en un bosque. La pobre Penélope se encuentra afuera, con su fiel perro Shep tratando de encontrar un árbol de Navidad para su pobre y lúgubre cabaña. Penélope encuentra uno pequeño y hermoso pero... no... ¡Shep lo encontró primero!

Luego de buscar un poco más, Penélope encuentra el árbol perfecto. Lo corta y lo arrastra hasta su casa con la ayuda de su fiel perro Shep.

Ahora estamos en la pobre y lúgubre cabaña. Luce pobre y lúgubre excepto por el hermoso árbol de Navidad allí en un rincón. No tiene ningún obsequio que poner debajo de él, pero es hermoso igual.

De repente, escuchamos que golpean la puerta. Violentamente aparece Dan el sucio. Exige que la pobre Penélope le pague $29,65 más impuestos por el árbol. Ella le implora que no se lo lleve. «¿No sabes que es mejor dar que recibir?», le dice. «¡Bah, tonterías! ¡Te daré seis horas o me lo llevo!», grita Dan el sucio mientras se va.

La pobre Penélope no sabe qué hacer, no tiene dinero. Se sienta en la silla y comienza a llorar. Su fiel perro, Shep, viene para consolarla. Ella lo acaricia, le da palmaditas en la cabeza, le rasca debajo del mentón, le frota las orejas... ¡a él le encanta!

Para animarla, él le lame la mano. Luego le lame su brazo hasta el codo... ¡A ella le encanta! La hace sentir mucho mejor.

«¿Qué haré?», se pregunta. «¡Si tan solo Santa Claus pudiera ayudarnos!».

De repente, alguien llama a la puerta. Ella sabe que es Dan el sucio que viene a buscar su dinero o su árbol.

«Entra», dice Penélope tristemente. Sin embargo, en lugar de Dan el sucio entra Elmer, un antiguo vendedor de cepillos y ahora vicepresidente de Santa Claus, a cargo de las relaciones públicas. Lleva con él su cepillo mágico para inodoros, con el cual realiza varios y diversos actos de prestidigitación y otras cosas mágicas.

«¿Cuál es el problema Penélope?», pregunta Elmer. Ella le cuenta y luego rompe a llorar... sin parar. Su fiel perro Shep también comienza a aullar sin parar.

En ese momento, regresa Dan el sucio y demanda el dinero por su árbol.

Elmer dice: «¿Tú no puedes ser amable en lugar de ser tan sucio?».

Dan empuja a Elmer y este se cae sobre el hermoso árbol de Navidad.

«¡Mira lo que has hecho!», grita Dan el sucio. «Arruinaste el árbol de Navidad».

Elmer le dice: «Ya hemos tenido suficiente de toda tu mugre, Dan el sucio. De ahora en adelante traerás alegría al corazón de las personas». Entonces Elmer toca a Dan el sucio con su cepillo para inodoros mágico y lo convierte en el árbol de Navidad más hermoso que alguna vez se haya visto.

Elmer, Penélope y su perro fiel, Shep, salen a dar una caminata navideña, celebrando con todos los asistentes de Santa. Dan el sucio permanece de pie en la cabaña, luciendo hermoso.

FIN

Un cuento de Navidad

Esta es una improvisación de un melodrama navideño. Los actores, elegidos entre el público, representan todo lo que el narrador describe en la historia.

[ver hoja de actividades pag. 111]

—LYNN H. PRYOR

Un pesebre moderno

Moderniza la tradicional historia navideña con el siguiente libreto. Completa los espacios en blanco con los nombres reales (chicos de tu grupo, funcionarios públicos, ciudad donde vives, otras ciudades cercanas, artistas conocidos, etc.). Deja que los jóvenes filmen la acción en diferentes lugares para producir una historia navideña moderna y luego muéstrala en tu reunión de Navidad del grupo. Además de ser muy divertida, esta experiencia enriquecerá la apreciación del evangelio que tienen los chicos.

[ver hoja de actividades pag. 112]

—BERT L. JONES

La vidriera de la tienda

Esta pantomima navideña es una dramática forma de presentar la escena del pesebre.

[ver hoja de actividades pag. 116]

—RUTH SOWPEL

El invitado

Esta breve obra teatral es una adaptación del poema «Cómo vino el gran invitado», de Edwin Markham. Mientras que la ambientación del poema original se corresponde con la de la Europa de unos siglos atrás, la de esta versión de la historia evoca el tiempo presente.

[ver hoja de actividades pag. 118]

—DAN JOHNSON.

¡¿Él va a qué?!

El siguiente diálogo es una genial obra de teatro para dos personas. Usa tu propia creatividad para inventar la escenografía, algunos elementos adicionales, los trajes, etc. Asegúrate de que los actores memoricen sus partes.

La historia también es muy efectiva simplemente como una lectura o un disparador para conversar en el grupo durante la época previa a la Navidad. ¡Úsala como quieras!

[ver hoja de actividades pag. 122]

—STEPHEN A. BLY

La esposa del dueño de la posada

Si alguien en tu grupo tiene la habilidad de actuar, este monólogo corto es muy bueno y apropiado para realizarlo durante la época de Navidad. Debe ser memorizado y requiere solo de algunos accesorios. Utiliza tu propia imaginación para cambiar o agregar frases que creas que mejorarán el impacto de esta obra. Puede ser seguida de una charla sobre cómo a menudo somos como a la esposa del dueño de la posada, perdiéndonos algunas oportunidades de servir a Cristo.

[ver hoja de actividades pag. 126]

—MARY KENT

La historia de José

Desafortunadamente, José, el esposo de María, ha sido de forma tradicional retratado como una figura histórica que pareció haber estado en paz (si no leemos la historia con cuidado) en circunstancias que hoy en día hubieran sacado de sus casillas a la mayoría de los hombres. Así que, por el bien del realismo, el siguiente monólogo intenta traer la Encarnación al siglo veintiuno y mostrar a José con los sentimientos lógicos de un joven común y corriente.

[ver hoja de actividades pag. 128]

—JACK HAWKINS

TEATRO

Una niña cuenta la historia de la Navidad

Esta es una obra navideña corta, de un solo acto, que puede ser realizada solo por dos personas. El padre es una voz en off. La niña puede ser alguien vestida como una pequeñita y que actúe como tal. Para obtener mejores resultado es conveniente memorizar el texto. El escenario no necesita ser muy elaborado, solo una sala de estar improvisada con una puerta principal y quizás un sofá y otros muebles sencillos.

[ver hoja de actividades pag. 131]

TEATRO

La historia de María

Esta obra está basada en la historia de la Navidad y resulta excelente para realizarla en esta época, aunque quizás sea incluso más efectiva si se presenta en cualquier otro momento del año para aumentar el factor sorpresa al final. Los nombres de los personajes no se mencionan durante la obra y la escenografía es moderna. Cada una de las escenas puede ser diseñada de la forma que desees y los diálogos han sido escritos de manera que tengas la libertad de cambiarlos según te parezca adecuado. Esta obra la escribieron Beverly Snedden y el grupo de jóvenes de la Iglesia Bautista del Calvario en Kansas City, Missouri.

[ver hoja de actividades pag. 135]

—Larry Bradford.

TEATRO

La historia de la Navidad por televisión

La siguiente es una representación navideña dramática basada en un noticiero de televisión. El noticiero tiene lugar el día de la primera Navidad, pero está realizado en un escenario moderno. Simplemente reproduce lo mejor que puedas un estudio televisivo de un noticiero. Todos los reporteros deben estar vestidos de manera moderna. Siéntete libre de agregar, quitar o adaptar cualquier parte de la obra.

[ver hoja de actividades pag. 138]

—Fred David

TEATRO

¿De quién es este cumpleaños?

Esta obra breve es un disparador. Puedes agregar tantos personajes como quieras. Al finalizar, conversen sobre lo que sucedió en la familia. Fíjate cuánto tiempo les lleva al grupo hacer la conexión entre la obra y el hecho de que el cumpleaños de Jesús es a menudo ignorado mientras la gente celebra la Navidad.

[ver hoja de actividades pag. 143]

—Jim Ruberg

Un Cuento de Navidad

Personajes:
La madre
Clara Bella
Marcos

Escenografía:
Árbol de Navidad
Mecedora
Puerta

El perro
El gato
Santa Claus

Franco
Virginia
El ángel

Nuestra historia comienza con la Madre sentada en su mecedora, junto al árbol de Navidad. No es un árbol particularmente lindo, pero tiene un hermoso ángel en la parte superior.

La hija menor de la madre, Clara Bella (la pequeña malcriada de nuestra historia), entra corriendo a la habitación.

Pregunta: «Mamita querida, ¿puedo comer postre?».

La madre mueve su dedo índice apuntando hacia Clara Bella y dice: «¡No toques esos postres! Tu hermana está por recibir visitas».

Clara Bella patea el suelo y protesta: «¡Rayos!».

Mientras tanto, Franco, el novio de Virginia, golpea la puerta.

Clara Bella grita: «¡Yo voy!», y abre la puerta. Franco da un paso para entrar, pero Clara Bella le cierra la puerta en la cara.

«Es ese horrible de Franco», dice disgustada.

La madre abre nuevamente la puerta y permite que Franco pase. Le dice: «Hola Franco, iré a avisarle a Virginia». Y grita: «¡Oye, Virginia! ¡Franco está aquí!».

Virginia entra rápidamente, parpadeando de manera romántica, y dice con suavidad: «Hola mi querido Franco». Ellos se dan la mano con efusión.

Franco dice: «Mi terroncito de azúcar, te traje un regalo». Abre la puerta y trae un perro.

Virginia dice dulcemente: «¡Un perro!».

La madre grita: «¡Oh no!... ¡Un perro!».

Clara Bella exclama: «¡Espectacular! ¡Un perro!». Clara Bella trata de montarse sobre el perro y el perro le muerde una pierna.

Justo en ese momento golpean la puerta de nuevo. Clara Bella y Virginia dicen: «¡Yo voy!». Corren hacia la puerta y pelean por agarrar el picaporte.

Virginia le da a Clara Bella un golpe de kárate en el cuello y abre la puerta.

Marcos, el rival de Franco por Virginia, aparece en el dintel.

Marcos dice: «¡Hola a todos!». Y entonces le da a Virginia un abrazo de oso.

Franco grita: «¡Suéltala! ¡Eres un animal!», y trata de separarlos muy enojado.

Marcos dice: «Te traje un regalo, mi amor».

Franco comenta: «¡Ah, no deberías haberlo hecho!», y se abalanza sobre Marcos.

Virginia corre a separarlos.

«¡Es suficiente!», grita. «¿Dónde está mi regalo?».

Marcos abre la puerta y trae a un gato.

Virginia susurra: «¡Un gato!».

La madre grita: «¡Oh no!... ¡Un gato!».

Clara Bella exclama: «¡Espectacular! ¡Un gato!».

Franco solloza: «¡No puede ser! ¡Un gato!».

El perro ladra y persigue al gato alrededor del árbol de Navidad.

El árbol se cae sobre el perro.

El ángel se cae sobre el gato.

El perro y el gato comienzan a pelear.

Marcos y Franco comienzan a pelear por Virginia. Se dicen uno al otro: «¡Ella es mía!».

Marcos toma la mecedora y se la tira a Franco.

Franco se escuda detrás de Clara Bella.

La madre llora: «¡Mi Navidad está arruinada!».

De repente, Santa Claus abre la puerta: «¡Jo, jo, jo!», exclama mientras se agarra su gran barriga.

Clara Bella corre hacia él y se abraza a una de sus piernas. Grita agudamente: «¡Oh, Santa!».

Virginia corre y salta a los brazos de Santa y grita agudamente: «¡Oh, Santa!».

Santa dice: «Sí, Virginia, Santa Claus sí existe».

Santa sacude su pierna para desprenderse de Clara Bella.

Marcos y Franco se preguntan: «¿Qué tiene él que no tenga yo?».

Mientras Santa lleva a Virginia hacia fuera, ella dice: «¡Ocho renos apestosos!».

FIN

UN PESEBRE MODERNO

(basado en Lucas 2)

PERSONAJES

Narrador	José
María	Empleado
Astrofísico 1	Astrofísico 3
Astrofísico 2	Líder de jóvenes
Alumno de la escuela secundaria 1	Alumno de la escuela secundaria 2

ESCENA 1

(Voz en off o en la habitación de María con un micrófono, como un reportero.)

NARRADOR: En la fecha de _____, el presidente de _____, decretó que debía realizarse un censo en toda la nación. (Este censo se realizó cuando_____ era gobernador de _____.) Todos los ciudadanos debían regresar a sus residencias permanentes para ser censados. José estaba trabajando fuera del estado en un proyecto a largo plazo (el Departamento de Defensa lo había subcontratado para construir un complejo de oficinas en _____, _____), por lo cual tuvo que volver a su propio pueblo_____ en _____. Fue con María, su prometida, quien estaba visible-mente embarazada.

JOSÉ: ¿Está todo empacado? Me gustaría salir antes de la hora pico del tránsito.

MARÍA: Sí, José. Sabes, cuando estemos en _____ necesitaremos realizar compras para el bebé. Todavía hay muchas cosas que debemos comprar.

JOSÉ: Todo lo que tengo que hacer es chequear el aceite y los neumáticos y ya estaremos listos para salir. Nos llevará _____ horas llegar a _____. El bebé podría nacer cuando estemos allí por el censo, por lo tanto asegúrate de tener todo lo que necesites.

(Primer plano de María cerrando las maletas. Plano más abierto para seguir a María y José

caminando hacia la puerta, saliendo hacia su camioneta, cargando las maletas, subiendo al automóvil y alejándose.)

ESCENA 2

(María y José han llegado a su propia ciudad. Filmen varios lugares típicos de ella y luego hagan una toma del automóvil. María y José tienen una breve charla espontánea mientras pasan las imágenes: «¡Mira, allí han puesto un Burger King!», «¡Han cambiado tantas cosas en un año!», etc.)

NARRADOR: Y mientras estaban dando vueltas por _____, llegó la hora del nacimiento del bebé de María.

MARÍA: (Toma dentro del automóvil, donde María abre cada vez más los ojos y pone una de sus manos sobre su vientre.) ¡Ooooohhh!

JOSÉ: ¿Qué sucede?

MARÍA: Creo que ya llegó la hora.

NARRADOR: Y así, José fue a toda velocidad hasta el hospital.

ESCENA 3

(La camioneta corre hasta la puerta de una sala de emergencia en un hospital. José se baja de un salto, da la vuelta hasta la puerta del acompañante y ayuda a María a bajar del automóvil y entrar al hospital. Un miembro del grupo de jóvenes está en el escritorio de la recepción.)

EMPLEADO: ¿Puedo ayudarlos?

JOSÉ: (Con desesperación.) Mi esposa tendrá un bebé en cualquier momento.

EMPLEADO: No tenemos obstetras ni mater-

nidad en este hospital. Sin embargo, el hospital general, en las afueras de la ciudad, puede...

JOSÉ: ¡Pero ella no podrá llegar hasta allí!

MARÍA: (Jadeando pesadamente.) José... hay un motel llamado_____ aquí al lado, (de aquí en adelante utilicen el nombre de un motel barato de su ciudad) lo vi cuando entrábamos... llévame allí...

JOSÉ: ¿Al motel _____? Mira, María, no te llevaré a un motel barato, necesitas un hospit...

MARÍA: Un motel estará bien... solo... (viene otra contracción) ¡Ooooohhh! Llévame allí... rápido.

EMPLEADO: (Mientras María y José salen a toda prisa de la recepción.) Puedo conseguirles una ambulancia si esperan unos minutos...

ESCENA 4

(Toma larga del motel. La cámara se acerca y entra por la puerta de una de las habitaciones de la planta baja. Un montón de ropa se halla en el piso; la maleta obviamente ha sido desarmada con rapidez. La cámara avanza hacia la cama, en la que están sentados María y José, contemplando la maleta abierta sobre ella. Se acerca a la maleta y se ve puede ver que ha sido cubierta con sábanas, entre las cuales se encuentra un niño.)

NARRADOR: Y dio a luz a su primer hijo, un varón. Lo envolvió en una sábana y lo acostó en una maleta vacía, porque no tuvieron tiempo de llegar al hospital general.

MARÍA: ¿Qué nombre le pondremos?

JOSÉ: Lo llamaremos Jesús, porque él salvará a su pueblo de sus pecados.

ESCENA 5

(Es el atardecer. Un automóvil con tres astrofísicos llega a una estación de servicio. Mientras el narrador lee, un empleado camina hacia el automóvil y el conductor baja la ventanilla.)

NARRADOR: Luego de que Jesús naciera en _____ en el estado de _____, en el tiempo en que _____ era el presidente de _____, algunos astrofísicos llegaron a la ciudad de _____.

EMPLEADO: ¿Gasolina sin plomo, sin plomo plus, o sin plomo supreme?

ASTROFÍSICO 1: ¿En dónde está el niño que ha nacido, el Rey de los judíos? Hemos visto su estrella en Virgo y hemos venido desde _____ para adorarlo.

EMPLEADO: Qué gracioso que diga eso. Un hombre viejo vino hace un par de semanas hablando locuras... dijo algo sobre un líder supremo que había nacido aquí mismo, en _____, y mencionó también algo sobre una estrella y un motel...

ASTROFÍSICO 2: *(Entiende rápidamente entiende y habla con el empleado.)* ¿Tiene las páginas amarillas? *(Hay un corte y se pasa a la próxima escena.)*

ESCENA 6

(De regreso al motel. Mientras el narrador lee, los astrofísicos llegan en su automóvil, se bajan con objetos en sus manos, comparan el número de la habitación con el que aparentemente está escrito en un trozo de papel que tiene en la mano de uno de los astrofísicos, y llaman a la puerta. José abre y los hace pasar. La cámara los sigue.)

NARRADOR: Dejando la estación de servicio, continuaron su camino. Mientras seguían las

instrucciones que José les había dado por teléfono, podrían haber jurado que la estrella que habían visto por primera vez en su observatorio en _____ había ido delante de ellos hasta detenerse justo encima del motel.

ASTROFÍSICO 1: Hemos seguido la estrella desde _____ y venimos a adorar al niño.

ASTROFÍSICO 2: Hemos traído nuestros mejores obsequios para el bebé.

ASTROFÍSICO 3: Un _____ *(juego popular para play station).*

ASTROFÍSICO 1: Un vídeo navideño de _____ *(cantante popular).*

ASTROFÍSICO 2: Y ropa de _____ *(marca reconocida para niños)* de modo que el bebé no pase frío.

NARRADOR: Y luego de esto se fueron, porque habían oído en las noticias que un camión cargado con tomates se había volcado en _____ *(calle, autopista, boulevard, etc.).* Había toneladas de tomates desparramadas en todos los carriles y el tráfico se estaba desviando hacia_____. Por lo tanto, regresaron a _____ por una ruta diferente.

ESCENA 7

(Tarde del día siguiente. Mientras el narrador lee, un líder de jóvenes llega a un parque, se baja del automóvil y se acerca a una media docena de estudiantes de la escuela secundaria que están jugando al fútbol.)

NARRADOR: Y había en la misma ciudad algunos chicos jugando al fútbol en un parque, luego de la escuela. Y en ese momento, el mensajero del Señor se les apareció.

LÍDER DE JÓVENES: ¡Oigan, chicos! ¡Adivinen qué pasó! Hoy, aquí en _____, ha nacido un Salvador para ustedes. Él es Cristo el Señor. Vayamos a verlo al motel _____ que está en la calle _____.

NARRADOR: *(Música de fondo navideña mientras suben todos al automóvil del líder de jóvenes y se van del parque.)* Así que dejaron de jugar al fútbol y fueron a visitar al niño Jesús. Mientras se iban, escucharon música de Navidad en los cielos. *(El volumen de la música sube mientras el auto se aleja.)*

ESCENA 8

(De regreso al motel. Adentro está María, el bebé, el líder de jóvenes y los alumnos de la escuela secundaria.)

NARRADOR: Condujeron hasta el motel y encontraron a María y al niño con ella, acostado en una maleta.

ALUMNO DE LA ESCUELA SECUNDARIA 1: ¿Dónde está el padre?

MARÍA: Se fue a comprar pañales, volverá en cualquier momento...

ALUMNO DE LA ESCUELA SECUNDARIA 2: *(Susurrándole al líder de jóvenes.)* Ella no tiene anillo... ¿están casados?

LÍDER DE JÓVENES: *(También susurrando.)* Es una larga historia, después te la cuento.

NARRADOR: Al día siguiente en la escuela, los alumnos le contaron a todo el mundo lo que habían visto. *(La cámara comienza gradualmente a alejarse de la puerta abierta del motel. Para cuando el narrador termina, la cámara enfoca al motel entero desde afuera.)* Incluso salió en los periódicos (sección B, página 8). Todos los que oían la historia se quedaban asombrados. María recortó los artículos y los leía a menudo, atesorando en su corazón todas las cosas que habían sucedido. A la tarde siguiente los estudiantes regresaron al parque para jugar nuevamente al fútbol, adorando a Dios por haberles enviado un mensajero. Gracias a él habían conocido al niño Jesús y ahora sus vidas nunca volverían a ser las mismas.

FIN

LA VIDRIERA DE LA TIENDA

PERSONAJES

Encargada de la vidriera

Dos limpiadores de ventanas

Varios maniquíes (actores):
- Ángel
- Uno o dos pastores
- María
- José
- Uno o dos sabios
- Dos ovejas (que sean el pastor y el pastor de jóvenes, a los chicos les encantará)

ESCENOGRAFÍA

Pesebre con un muñeco, heno y otros elementos relacionados con la Navidad: las varas de los pastores, regalos de los reyes magos, etc. Equipo para lavar ventanas.

ASÍ DEBEN DISTRIBUIRSE EN EL ESCENARIO:

1.	Pastor #1	6.	Oveja #1
2.	Sabios	7.	Oveja #2
3.	Pastor #2	8.	Ángel
4.	María	9.	Pesebre
5.	José		

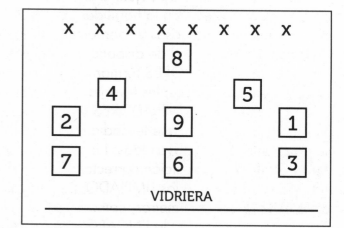

La escena se abre con los MANIQUÍES en el fondo del escenario, dándole la espalda al público, descalzos y vestidos con trajes de la época (con shorts debajo para que no se vea la ropa interior). Los dos LIMPIADORES DE VENTANAS están en la parte de adelante del escenario, con todo el equipo de limpieza necesario: esponjas, rodillos de goma, baldes, ropa adecuada y gorras. Los dos están limpiando una enorme ventana imaginaria que cubre todo el frente del escenario. Estos dos personajes deben ser elegidos por su habilidad para sobreactuar toda la historia y crear situaciones cómicas (por ejemplo, escupir la ventana cuando hay una mancha que no pueden quitar, etc.). La ENCARGADA DE LA VIDRIERA entra desde el fondo del escenario, con un lápiz detrás de la oreja, un portapapeles y vestida con ropa de trabajo. Primero ignora a los LIMPIADORES DE VENTANAS, arrastrando una gran caja llena de bufandas, coronas, regalos y otros elementos navideños. Fuera del escenario, pero bien accesibles, debe haber dos sillas, el pesebre con el muñeco, varas y los elementos más grandes. La ENCARGADA DE LA VIDRIERA da algunos pasos de espaldas (hacia la audiencia), considera lo que tiene que hacer y va hacia los MANIQUÍES para arrastrar, también de espaldas, a uno de ellos hacia la parte delantera del escenario. Todos los maniquíes deben tensar sus rodillas, permaneciendo rígidos y absolutamente quietos. Uno de los PASTORES es traído primero y ubicado a la derecha del escenario cerca del frente. A medida que la ENCARGADA DE LA VIDRIERA trata de ponerlo en la posición adecuada (manos, cabeza, piernas y brazos), se da cuenta de que podría pedirle ayuda a los dos LIMPIADORES DE VENTANAS. Por medio de señas le pide a uno de ellos que venga, él accede y luego hace lo mismo con el otro. Los dos LIMPIADORES se unen a ella dejando todo el equipo de limpieza atrás del escenario antes de continuar. Mientras los LIMPIADORES arrastran a los MANIQUÍES uno por uno hasta los lugares que les indica la ENCARGADA DE LA VIDRIERA (ver el diagrama), esta agrega un cinturón aquí, una bufanda allá (nunca vistiendo completamente a un MANIQUÍ para que el público no se dé cuenta todavía de que se trata de una escena navideña). El proceso de ubicar a los MANIQUÍES lleva un tiempo y la clave del éxito de este momento está en la habilidad de los LIMPIADORES DE VENTANAS para realizar movimientos graciosos y sobreactuados mientras la ENCARGADA DE LA VIDRIERA trata con gran seriedad de disponer cada cosa en su lugar. Cada vez que ella se da la vuelta, los LIMPIADORES forman un lío, por ejemplo: ponen los dedos de los MANIQUÍES en sus narices, les levantan los brazos, les tapan la nariz, etc. Mientras más divertido, mejor. Los LIMPIADORES deben hacer estas cosas entretanto arrastran a los MANIQUÍES según lo que les indica la ENCARGADA DE LA VIDRIERA. Cuando ella se da cuenta de sus payasadas, los reprende, menea la cabeza y vuelve a poner a los MANIQUÍES en la posición correcta. La ENCARGADA también cambia de opinión varias veces y hace que los LIMPIADORES muevan los MANIQUÍES hacia delante y hacia atrás unos pocos centímetros, como si realmente estuviera acomodando una exhibición. Cuando traen a María, la ENCARGADA DE LA VIDRIERA debe tener una silla en el escenario para que el MANIQUÍ se siente. El último MANIQUÍ que entra en escena debe ser el ÁNGEL, quien es también el último en estar completamente vestido (con una túnica blanca). Cuando esté vestido con su aureola en la cabeza, los dos LIMPIADORES deben levantarlo (con las rodillas sin flexionar) y colocarlo sobre otra silla. Una advertencia: como esta pantomima puede durar bastante tiempo, tengan cuidado de que el ÁNGEL no tenga sus brazos extendidos desde el comienzo, porque el actor no va a poder mantener esta posición. Lo mismo aplica para los demás MANIQUÍES: que todos adopten posiciones fáciles de mantener hasta momentos antes del final, y recién entonces pueden realizarse ajustes de último momento con otras posiciones un poco más incómodas.

Luego de que todos los personajes están ubicados, la ENCARGADA DE LA VIDRIERA coloca los últimos detalles principales en los MANIQUÍES y luego trae los regalos y las varas. Los LIMPIADORES traen el pesebre con el muñeco. La ENCARGADA DE LA VIDRIERA les agradece con mímica a los LIMPIADORES por su ayuda, les pide que se lleven la caja y salen del escenario. Luego ella realiza los retoques finales y cuando está visiblemente satisfecha, deja el escenario.

Las luces del salón se apagan. Los reflectores del escenario se encienden y un solista canta dos estrofas de «Noche de paz». El impacto será sensacional.

EL INVITADO

PERSONAJES

Conrado
Bartolo
Elvis
La mujer pobre
El niño
El anciano
Dos transeúntes
El narrador

ESCENOGRAFÍA

Farol de la calle
Estante de libros
Leche
Silla o sofá
Trajes
Chimenea
Zapatos

Miel
Lámpara
Mesa
Pan
Puerta
Otros muebles

ELVIS

ELVIS: *(Golpea la puerta.)*

CONRADO: ¡Guau, guau!

ELVIS: *(Golpea la puerta.)*

CONRADO: *(Mientras camina hacia la puerta.)* ¡Guau, guau! ¡Abajo! ¡Guau, guau! ¡Quieto! ¡Guau! *(Abre la puerta.)* ¡Hola Elvis! ¡Feliz Navidad! Entra, entra.

ELVIS: Conrado, viejo amigo. Feliz Navidad para ti también. Conrado, ¿qué fue ese ladrido? Tú no tienes un perro guardián.

CONRADO: Ya lo sé, no dispongo de dinero para tener uno. Por eso, cuando alguien golpea la puerta, tengo que ladrar yo mismo.

ELVIS: ¡Ah, Conrado! Estamos sintiendo la crisis financiera.

CONRADO: ¿Dónde está Bartolo?

ELVIS: Vendrá en cualquier momento.

BARTOLO: *(Golpea la puerta.)*

ELVIS: ¡Es él!

BARTOLO: *(Golpea la puerta.)*

ELVIS: ¿Quién es?

BARTOLO: ¡Soy yo! ¿Arreglaste la suela de mi zapato?

CONRADO: Solo el Señor puede arreglar tu alma Bartolo, pero yo arreglé tu suela *(le da un zapato, dando golpecitos en la suela)*.

BARTOLO: ¡Qué placer! Ahora podré usa mis zapatos navideños con mis calcetines navideños.

ELVIS: Vamos, Bartolo, tengo que llevarte a casa para que te pongas tus calcetines *(comienzan a irse)*.

CONRADO: Elvis, Bartolo...

ELVIS: Sí, Conrado.

CONRADO: Antes de que se vayan, debo contarles algo.

ELVIS: Sí, Conrado, por favor, hazlo.

BARTOLO: Sí, somos tus amigos.

CONRADO: *(Habla dramáticamente.)* El Señor se me apareció hoy al amanecer... y me dijo: "Hoy seré tu invitado".

ELVIS: Escucha, Conrado. Es Navidad y tu cabeza está llena de pensamientos sobre la venida de Cristo. Sin duda tus sueños simplemente reflejan lo que estuviste pensando todo el día.

BARTOLO: Elvis tiene razón, Conrado. Quiero decir, Cristo en realidad no va a venir a tu puerta.

CONRADO: *(Luego de una pausa.)* Quizás tienen razón. Es poco probable... pero pareció tan real...

ELVIS: Debemos irnos, viejo amigo, que pases una feliz Navidad.

BARTOLO: Y si Jesús llega a venir, llámanos. Nosotros, que somos sabios, vendremos trayendo nuestros regalos. *(Elvis hace salir a Bartolo tirando de su bufanda. Intercambian palabras de despedida y se marchan.)*

LA MUJER POBRE

(Conrado ve a una mujer afuera, temblando de frío, vendiéndole carbón a los transeúntes. La invita a pasar a su casa para calentarse.)

MUJER: Muchas gracias, señor. Está helando allá afuera.

CONRADO: Sí, y también hay mucha niebla.

MUJER: La visibilidad es tan mala que hasta los pájaros están caminando *(estornuda en su cara).*

CONRADO: *(Ligeramente desanimado, pero educado.)* Venga señora, siéntese junto al fuego y caliéntese. ¡Cuénteme cómo llegó a una condición tan miserable!

MUJER: Yo crecí en la pobreza, no teníamos nada. Y luego conocí a Juan, un hombre rico y sofisticado. Fue el único banquero al que no le afectó la crisis del 29.

CONRADO: ¿En serio?

MUJER: Sí, él quebró en el 28. Desde ese entonces vivimos en un pequeño y lúgubre departamento en la ciudad. Nuestros muebles eran pobres y deslucidos. Teníamos solo una pequeña alfombra raída en nuestro frío piso. Era tan fea que mi madre decía: "¡Esa alfombra luce terrible! ¡Bárrela debajo del polvo!".

CONRADO: ¿Qué hace su esposo ahora?

MUJER: Oh, él murió el año pasado. Le dije que si se moría, el hambre me iba a mirar fijamente a los ojos. Él contestó: "¡Eso no suena placentero para ninguno de los dos!". Y ahora solo somos mis hijos y yo.

CONRADO: Mujer, ¿cómo puedo ayudarla?

MUJER: Querido señor, usted no puede ayudarme. *(Se levanta para ir hacia la puerta.)* Veo que no está mucho mejor que yo. Simplemente estoy tratando de vender algo de carbón para poder comprar un poco de leche y pan para mi familia.

CONRADO: *(Se da la vuelta y toma pan y leche que hay sobre la mesa.)* Aquí tiene, tome esto.

MUJER: *(Asombrada por este gran sacrificio.)* Que Dios lo bendiga, mi amigo.

CONRADO: Feliz Navidad.

EL ANCIANO

ANCIANO: *(Golpea la puerta.)*

CONRADO: ¡Guau, guau! ¡Bah! ¡Esto nunca funcionará! ¡No sueno realmente como un perro! ¡Voy! *(Abre la puerta. Un hombre arroja un hueso.)* ¿Por qué hace eso?

ANCIANO: ¡Pensé que había oído a un perro!

CONRADO: ¡Ah sí! Pero ya murió. ¿Qué puedo hacer por usted?

ANCIANO: Estoy recibiendo donaciones de Navidad para la fundación de Buford T. Ellis.

CONRADO: ¿Y puedo preguntar quién es Buford T. Ellis?

ANCIANO: A su servicio, señor *(hace una dramática reverencia).*

CONRADO: *(Ahogando una sonrisa.)* Pase, buen hombre. Le hará bien descansar al menos un poco.

ANCIANO: Gracias señor. Por lo general no soy recibido con tanta amabilidad.

CONRADO: Es lo menos que puedo hacer. Venga, siéntese.

ANCIANO: *(Se sienta y pone sus pies sobre una pequeña mesita, dejando ver sus zapatos rotos).*

CONRADO: Entonces, ¿está usted recolectando dinero?

ANCIANO: Sí, lo estoy. Necesito dinero para mi costoso pasatiempo.

CONRADO: ¿Y cuál es su pasatiempo?

ANCIANO: Comer.

CONRADO: Sabe, sería bueno tener mucho dinero. Sin embargo, en realidad, el dinero solo trae miseria.

ANCIANO: Sí, pero con dinero usted puede costear el hecho de ser miserable. En Acción de Gracias me pregunté: "¿Por qué podría yo estar agradecido?". Ni siquiera puedo pagar mis cuentas.

CONRADO: Esté agradecido de no ser uno de sus acreedores.

ANCIANO: Es cierto. Sabe, solía irme bastante bien con mi pequeño negocio, pero he sufrido un desastre económico tras otro.

CONRADO: Ha tenido una vida dura, ¿verdad?

ANCIANO: No ha sido fácil, pero Dios me ha ayudado.

CONRADO: Escuche señor. Yo no tengo mucho, pero tome, aquí tiene estos zapatos. Quizás le hagan falta.

ANCIANO: *(Muy feliz.)* Es usted muy generoso. *(Se quita sus viejos zapatos rotos y se pone los nuevos.)* ¡Me quedan perfectamente bien! Gracias, señor. *(Se va mientras intercambian palabras de despedida.)*

EL NIÑO

NIÑO: *(Golpea la puerta.)*

CONRADO: *(Abre la puerta.)*

NIÑO: *(Cantando.)* Noche de pan, noche de arroz, todo duerme en derredor...

CONRADO: *(Interrumpiéndolo.)* ¡Detente! ¡Detente! ¡Creo que has cambiado un par de palabras de la canción! Es paz, no pan.

NIÑO: Noche de paz, noche de arroz...

CONRADO: ¡Espera! Y no es arroz, es amor. ¡Como sea. feliz Navidad! ¿En qué puedo ayudarte?

NIÑO: Estoy haciendo una cometa para los pobres.

CONRADO: Es COLECTA.

NIÑO: ¿Qué es colecta?

CONRADO: Dinero

NIÑO: ¡Aaah! ¡Noooo!

CONRADO: ¿Cuál es el problema?

NIÑO: He estado yendo por las calles gritando: «¡Una cometa para los pobres! ¡Una cometa para los pobres!».

CONRADO: ¡Oh, santo cielo! ¿Y qué te dieron?

NIÑO: Solo miradas extrañas. ¡Nunca me darán dinero!

CONRADO: ¿Quiénes son los pobres para los que estás haciendo una colecta?

NIÑO: Son los niños del Hogar Pedro Rodríguez *(usa el nombre de uno de los chicos del grupo)*.

CONRADO: Eso no existe.

NIÑO: Bueno, es para el Hospital General de la Agonía también.

CONRADO: Nunca he oído hablar de él.

NIÑO: ¿Me creería si le dijera que es para el Hogar de Ancianos El Tejo?

CONRADO: *(Moviendo la cabeza.)* ¿Por qué no me dices simplemente para qué es el dinero?

NIÑO: *(Mirando el piso avergonzado de su pobreza.)* Es para mí.

CONRADO: Eso es lo que pensé. Se nota que lo necesitas.

NIÑO: En realidad no es para mí. Es para mi hermana. Quiero darle un regalo esta Navidad. No tenemos mucho y bueno... yo amo a mi hermanita. Pensé que podría darle algo especial.

CONRADO: *(Mira hacia la mesa y le da la miel al niño.)*

NIÑO: *(Observando el interior del frasco.)* ¡Vaya! ¿Es miel de verdad?

CONRADO: Sí, lo es. Dásela a tu hermana. Y toma. Dale estos zapatos y aquí tienes un par para ti también.

NIÑO: ¡Vaya! ¡Usted es asombroso, señor! ¡Gracias! *(Se va muy feliz y alborotado.)*

CONRADO: ¡Oye, muchacho! ¿Y qué te va a dar tu hermana para Navidad?

NIÑO: ¡No lo sé, el año pasado me contagió el sarampión! ¡Adiós, señor!

CONRADO: ¡Feliz Navidad! *(Se queda pensativo, dando vueltas por su habitación; pero a medida que se va dando cuenta de que Cristo vino a visitarlo en esas tres personas, una radiante sonrisa comienza a dibujarse en su rostro.)*

FIN

¡¿Él va a Qué?!

PERSONAJES:

Ángel 1

Ángel 2

ÁNGEL 1: Él va a bajar...

ÁNGEL 2: ¿Qué?

ÁNGEL 1: Dije: "¡Él va a bajar!".

ÁNGEL 2: ¿Quién te lo dijo?

ÁNGEL 1: Esta mañana durante el devocional, llamó a Gabriel y Miguel y comenzó a contarles el plan delante de todos nosotros.

ÁNGEL 2: ¿Por qué siempre me pierdo las mejores partes?

ÁNGEL 1: ¿Dónde estabas?

ANGEL 2: En Bitinia. Tenía que ayudar a la pequeña Lidia a cruzar ese puente helado otra vez. Pero continúa. ¿Cuál es el plan?

ÁNGEL 1: Tiene que ver con las predicciones de los profetas.

ÁNGEL 2: ¡Así que esas tenemos! El Día del Señor finalmente está aquí. Creo que perdí mi tiempo ayudando a Lidia. Si él está por terminar con todo, ella estará aquí arriba con nosotros muy pronto.

ÁNGEL 1: No es tan simple. Él está planeando enderezar un poco las cosas allá abajo.

¡¿Él va a Qué?! 2

ÁNGEL 2: Bueno, ¿por qué no envía a Moisés? ¿O a Elías? ¿O a Gabriel?

ÁNGEL 1: Lo hará, cada uno a su tiempo. Sin embargo, ellos solo pueden llevar el mensaje. Oí que Gabriel está organizando la entrada.

ÁNGEL 2: ¡Oh, vaya! Ya puedo verlo… todos esos humanos deambulando, ocupados en sus cosas, cuando de repente el sol, las estrellas y el cielo se hacen a un lado. Entonces, de entre las profundidades de la eternidad, él llega a su planeta. Ojalá pudiera estar allí para ver sus caras. ¿Y qué pasará con el viejo Augusto? ¡Seguro se caerá instantáneamente de su pedestal!

ÁNGEL 1: No será de esa manera. Ni siquiera planea ir a Roma.

ÁNGEL 2: ¿No irá a Roma? ¡Aja! Irá a Jerusalén. Imagina, el sumo sacerdote mirará hacia arriba y de repente allí estará.

ÁNGEL 1: Dudo que eso pase.

ÁNGEL 2: ¿Qué? No me digas que no verá al sumo sacerdote.

ÁNGEL 1: Sí, verá al sumo sacerdote y a todo su concilio, pero dudo que lo reconozcan.

ÁNGEL 2: ¿No van a reconocer al Señor de Gloria? ¿Planea disfrazarse?

ÁNGEL 1: Más o menos…

ÁNGEL 2: ¿Por qué no quiere que sepan quién es?

ÁNGEL 1: Según lo que entiendo, quiere que ellos lo reconozcan por su vida y sus obras, no por su apariencia.

ÁNGEL 2: Yo creo que irá como un hombre, un hombre judío sin duda.

ÁNGEL 1: Oí que está planeando su entrada como un bebé.

ÁNGEL 2: ¿¿Un qué??

ÁNGEL 1: Un bebé, un pequeño ser humano.

ÁNGEL 2: ¡Increíble! Pero… pero… ¿no se está arriesgando demasiado? Tendremos que formar un par de ejércitos con miles de guardaespaldas veinticuatro horas al día.

ÁNGEL 1: Estará solo.

ÁNGEL 2: ¿Dejarlo solo con ese montón de locos?

ÁNGEL 1: ¿Realmente crees que hay alguna forma de que le hagan daño contra su voluntad?

ÁNGEL 2: Por supuesto, tienes razón. Llevará su poder consigo. Casi puedo verlo: en un momento es un pequeño niño travieso en los brazos de su madre y al instante siguiente le está danto un golpe de kárate a un soldado romano.

ÁNGEL 1: Escuché que su poder solo será usado para ayudar a otros. Él no cree que sea necesario mostrar todas sus credenciales. Y ya eligió a la madre.

ÁNGEL 2: Espero que no sea la madre de Lidia…

ÁNGEL 1: ¿Quién?

ÁNGEL 2: Lidia, la niñita de Bitinia. Imagínate dejando a tu pequeña de cuatro años cruzar a pie un puente resbaladizo como ese. De cualquier modo, supongo que habrá escogido a la familia de un sacerdote, o a una familia de los fariseos.

ÁNGEL 1: No, es una joven pobre y desconocida que se llama María. Y... ahora mantén esto en secreto, no quisiera que todos los ángeles de la galaxia lo escuchen... nacerá en un establo, un establo para ganado, en medio del hedor terrenal del heno y el rastrojo.

ÁNGEL 2: ¡Pero eso es una crueldad! ¡No puede ser! ¡No lo permitiré! ¡Protesto!

ÁNGEL 1: ¿Ante quién?

ÁNGEL 2: ¡Es que no entiendo el propósito de todo esto!

ÁNGEL 1: Tú sabes tan bien como yo cómo él los ama. Ahora escucha, aquí es donde entramos nosotros. Quiere que aparezcamos ante unos pocos testigos a fin de que el suceso quede registrado para las futuras generaciones.

ÁNGEL 2: Seguro, ya lo tengo. ¿Qué tal unos mil hombres de cada una de las doce tribus de Israel?

ÁNGEL 1: Dije solo unos pocos.

ÁNGEL 2: ¿Qué tal cien de cada una?

ÁNGEL 1: No, él quiere solo unos pocos.

ÁNGEL 2: Bueno, ¿qué tal un par de escribas, un abogado, un político y un periodista, por supuesto?

ÁNGEL 1: Definitivamente, no lo hará así. Además, ya los ha elegido. Aquí está la lista... *(le entrega al ÁNGEL 2 la lista).*

ÁNGEL 2: Veamos... tres astrólogos de Arbela. ¿Dónde queda eso?

ÁNGEL 1: Sobre el lado este del Tigris.

ÁNGEL 2: Pero ellos son extranjeros, intrusos.

ÁNGEL 1: No te olvides de los otros...

ÁNGEL 2: Oh sí, está Jason, Demas y Hakiah. ¿Quiénes son?

ÁNGEL 1: Pastores, creo.

ÁNGEL 2: ¿Simplemente pastores... comunes y ordinarios?

ÁNGEL 1: Es su estilo, ya sabes. Mira a Abraham. ¿Qué era él? ¿Y David? ¿Y qué estaba haciendo Moisés cuando el arbusto empezó a arder?

ÁNGEL 2: Ya veo...

ÁNGEL 1: De todas maneras, hay una cosa que me molesta. ¿Quién les creerá a los pastores allá abajo?

ÁNGEL 2: Lidia lo haría.

ÁNGEL 1: Sí, amo a esos pequeños humanos. Creen todo lo que les decimos.

ÁNGEL 2: Lo hacen hasta que Satanás se apodera de ellos. A propósito, ¿qué va a estar haciendo Satanás todo este tiempo? No le gustará esta jugada.

ÁNGEL 1: Me imagino que intentará incitar a los humanos a realizar aborrecibles y brutales acciones.

ÁNGEL 2: No creerás que seguirán creyendo sus viejas mentiras, ¿no?

ÁNGEL 1: La mayor parte del tiempo ellos son como arcilla en sus manos. Sin embargo, escuché que nuestro Señor hará unos buenos milagros... y después viene la "presentación final".

ÁNGEL 2: ¿Qué es eso?

ÁNGEL 1: No estoy muy seguro, es algo sumamente secreto.

ÁNGEL 2: Ya veo. Bueno, déjame repasar el asunto. Todo lo que tenemos que hacer es bajar, hablar con los pastores, y después volver aquí y verlo hacer el resto, ¿correcto?

ÁNGEL 1: Correcto. Ahí está la primera señal. Ya casi es hora de que bajemos.

ÁNGEL 2: ¡Vaya! ¡Qué día! Pensé que no tendría nada que hacer hasta que el puente se congelara de nuevo.

ÁNGEL 1: Recuerda, solo unos pocos pastores. Y por favor, no los asustes.

ÁNGEL 2: Lo prometo, lo prometo.

ÁNGEL 1: Ahí está la señal. Vamos.

ÁNGEL 2: ¿Crees que a la vuelta podríamos para en Bitinia? Ya casi es hora de que Lidia haga sus oraciones y me encanta cómo ora.

ÁNGEL 1: Oh, creo que sí. ¡Ahora apúrate!

ÁNGEL 2: Estoy detrás de ti. No obstante, estaba pensando… ¿qué pasará si hay mucha oposición a su plan? Solo, allá abajo, como un humano vulnerable… ¡podrían matarlo!

ÁNGEL 1: ¡No seas ridículo!

En esa misma región había unos pastores que pasaban la noche en el campo, turnándose para cuidar sus rebaños. Sucedió que un ángel del Señor se les apareció. La gloria del Señor los envolvió en su luz, y se llenaron de temor. Pero el ángel les dijo: «No tengan miedo. Miren que les traigo buenas noticias que serán motivo de mucha alegría para todo el pueblo. Hoy les ha nacido en la ciudad de David un Salvador, que es Cristo el Señor. Esto les servirá de señal: Encontrarán a un niño envuelto en pañales y acostado en un pesebre».

De repente apareció una multitud de ángeles del cielo, que alababan a Dios y decían:

«Gloria a Dios en las alturas, y en la tierra paz a los que gozan de su buena voluntad» (Lucas 2:8-14).

FIN

LA ESPOSA DEL DUEÑO DE LA POSADA

(Aparece una mujer con ropa de casa y un delantal, murmurando mientras limpia.)

¡Estoy tan cansada de toda esta limpieza! ¡Pareciera que es lo único que hago! **(suena el teléfono).** Nunca terminaré si este teléfono no deja de sonar **(contesta el teléfono).** Buenos días, Posada de Belén, ¿en qué puedo ayudarlo? ¡Ah! Hola Mabel... terrible... ¡simplemente terrible! ¡Apenas pude dormir anoche!... ¿Por qué?... ¿Cómo? ¿No has oído?... Bueno, ya sabes que el César ha hecho esta enmienda sobre los impuestos... ¡No entiendo a este gobierno, es un desastre!... Correcto... Debido a todo eso mucha gente ha estado viajando... ¡estamos repletos! ¡Deberías ver el estacionamiento, está lleno de camellos y burros! ¡Y ya sabes el desastre que hacen! Sí, David ha estado enfermo y las niñas les han dado su cuarto a unos viajeros. ¡En fin! Incluso tuvimos gente durmiendo en el vestíbulo anoche... ¡y ya sabes el riesgo de incendio que eso significa!

Bueno, Juan tuvo que salir anoche a cortar más leña, así que tuve que acostar a los niños y registrar a los huéspedes yo misma. Bueno, finalmente todos se fueron a la cama, preparé la cena para Juan y por fin me pude ir a dormir. ¡Siii! ¡Ufff! ¡Sin embargo, a eso de las dos de la mañana oímos que alguien golpeaba la puerta muy fuerte! ¡Casi salgo volando de la cama y me da taquicardia! ¡Oh, santo cielo! ¡Fue aterrador! Juan bajó a ver qué ocurría y yo me quedé espiando a través de la ventana... ¡No podía creer lo que veía! Había una pareja joven en un burro... ¡y ella estaba embarazada!... sí... ¡como de ocho o nueve meses ya!... ¡Y hacía tanto frío anoche!... ¡No! ¡No teníamos ni un lugar! Ellos dijeron que habían buscado en todas partes, pero que todas las posadas de la ciudad estaban llenas también...

Sí... bueno, Juan les dio la llave del establo para que al menos se protegieran del viento... ¡parecía que ella iba a dar a luz en cualquier momento...! ¡Aaayy! Para entonces los chicos se habían despertado y estaban peleando con las almohadas! ¡Oooh, noo!! Tuve que tomarme un tranquilizante...

Bueno, a duras penas volví a la cama y estaba tratando de dormirme cuando escuché un ruido afuera otra vez. Miré por la ventana y no sabes lo que vi... ¡más camellos! Había varios hombres que parecían pastores... supuse que se habían perdido y recién habían encontrado el camino de vuelta al establo... sí... *(mira el reloj)*. ¡Ay, ay, ay! ¿Quién? ¡Ah, sí! Tuvo el bebé sin problemas... todo bien... me enteré esta mañana... ¿Un rey?... Sí, seguro Mabel... ¡esta vez sí que te volviste loca! Estoy segura de que un rey no nacería en un establo... ¡Bueno, no me interesa quién es! ¡No voy a bajar a ayudarlos después de todos los problemas que me han causado!... ¿Qué?... ¡Mabel, lo siento pero no teníamos lugar! *(mira de nuevo el reloj)*. ¡Realmente no tengo tiempo! ¡Tengo un montón de cosas que hacer! ¡Y seguramente voy a ser yo la que tenga que limpiar todo el lío que dejaron los camellos! ¡Vaya! Me tengo que ir... ¡Adiós! *(cuelga y murmura)*. ¡Algunas personas simplemente no entienden! ¡Tengo muchas cosas que hacer! *(se va)*.

FIN

Copyright © 2015 Especialidades Juveniles - www.EspecialidadesJuveniles.com

LA HISTORIA DE JOSÉ

Estas vacaciones terminaron siendo muy diferentes a lo que planeé. Todo parecía ser muy promisorio. Soy programador informático en una compañía que premia a sus empleados cerrando la empresa durante dos semanas en esta época de fiestas. Así que María, mi prometida, y yo decidimos ir a visitar a mis padres al norte del país. Habíamos planeado casarnos más o menos en un año, pero no quería hacer planes definitivos hasta no tener su aprobación. Mis padres no conocían a María, por lo cual me sentía un poco nervioso, pero a la vez también estaba seguro de que ella les gustaría. Después de todo, mi madre siempre decía: «¡Ay, Josecito! ¡Mientras sea judía... lo demás no importa!». Sabía que estarían orgullosos, especialmente después de probar sus exquisitas comidas.

No puedo explicar cuánto amaba a esa mujer. Había tenido citas con varias chicas, pero ninguna había sido como María. Ella era la mujer más hermosa que había visto, y al principio eso hizo que fuera cauteloso. Todas las demás mujeres excepcionalmente hermosas que había conocido sabían que lo eran. Y no se trataba de que la arrogancia y la altivez me alejaran, sino el egoísmo y la sensación de que el mundo giraba alrededor de ellas. No obstante, María era diferente. Ella era la mujer más amorosa y amable que conocía. Me di cuenta de que era especial cuando la acompañé a su sinagoga un sábado. Nos sentamos juntos durante la reunión y luego la seguí hasta su clase esperando ver un salón lleno de estudiantes. Sin embargo, no fue así. En cambio, me encontré con un gran grupo de jóvenes mental o físicamente discapacitados. Eso me hizo sentir incómodo. Algunos estaban confinados a sillas de ruedas, otros podían hablar solo con gruñidos y gemidos, y también deduje por el olor que había en el salón que otros eran incontinentes.

Sentí repulsión, sin embargo, este era el campo de misión de María. Había comenzado con solo unos pocos chicos en su clase, pero las noticias sobre su ministerio habían viajado rápidamente y la gente de otras sinagogas comenzó a traer a sus jóvenes discapacitados a sus clases. En el momento en que María entraba, todos se acercaban para abrazarla, tocarla, hablarle, besarla o simplemente estar cerca de ella. Durante toda esa hora de clase, mientras miraba su amor y su interés por esos jóvenes, decidí que haría todo lo que estuviera a mi alcance para asegurarme de que pasaría el resto de mi vida con esa mujer.

Todo estaba listo para nuestra salida. Los boletos de avión comprados, nuestras maletas cerradas, todos nuestros regalos para la familia envueltos. Realmente estaba muy entusiasmado con este viaje.

Entonces mi mundo colapsó. Siempre recordaré ese viernes como el peor día de mi vida.

Salí del trabajo al anochecer y fui directamente al departamento de María. Volé por los escalones que me llevaban al segundo piso donde vivía, escondiendo en mi espalda las flores que le había comprado a un chico en la esquina. Toqué el timbre, María abrió la puerta, saqué las flores preparándome para los estallidos de alegría y el abrazo que siempre recibía cuando hacía algo especial por ella.

Sin embargo, eso no sucedió. Algo parecía haberse perdido en sus ojos. Generalmente brillaban, pero ahora lucían vacíos y rojos. «¿Qué sucede?», pregunté, pero ella evadió mi pregunta con otra pregunta sobre mi último día de trabajo antes de las vacaciones. Nos sentamos a cenar, aunque nuestra conversación fue tensa e inusualmente trivial. Cuando terminamos, recogimos la mesa y María de inmediato encendió el televisor.

«¿Qué está pasando?», pregunté con tono demandante, y ella comenzó a llorar. «María, ¿es algo que dije, algo que hice? ¿Estás preocupada por el viaje? Necesito saberlo, así puedo cambiar, disculparme o lo que sea. ¡Pero no puedo seguir sin saber qué ocurre!». Coloqué mi brazo alrededor de ella, esperando tener un indicio del problema.

«José», dijo entre sollozos, «estoy embarazada». Respiré profundamente y cuando exhalé sentí que toda la energía se iba de mi cuerpo. Esto no puede estar pasando, pensé. Todo lo que yo esperaba y deseaba quedó destruido con esas dos palabras. Inconscientemente, quité mi brazo de su hombro. La mujer que solo unos minutos atrás amaba con toda mi alma ahora parecía tan distante como una extraña.

Yo no era el padre, eso lo sabía bien. Por supuesto, nosotros nos besábamos y abrazábamos como cualquier otra pareja comprometida, pero habíamos pactado guardar las relaciones sexuales para cuando estuviéramos casados. Los dos estábamos convencidos de que eso sería lo mejor a largo plazo. Por lo tanto, ¿cómo pudo hacer esto después de todo lo que lo habíamos hablado?

«Sé que estás muy herido ahora». Luego de una larga pausa, María rompió el silencio. «Por favor, José, por favor, cree lo que voy a decirte, aunque suene loco e imposible». Hizo otra pausa y me miró profundamente antes de volver a hablar. «Dios me dio este embarazo».

Casi me voy de allí. Al menos me podría haber dicho la verdad. ¿Quién fue? ¿Qué sucedió? ¿Por qué? ¿Por qué me traicionó?

«Un ángel vino a verme y me dijo que Dios me había elegido para llevar a su hijo en mi vientre y hacerlo nacer. José, no me mires así. Tú sabes, tú has leído lo que dice la Biblia... sobre el Mesías. Este niño, nuestro niño, es el Mesías. No, yo tampoco lo habría creído si no hubiera sido porque el ángel me lo dijo».

Nada tenía sentido. El embarazo de María (¿cómo pudo hacer algo así?), el Hijo de Dios dentro de ella, un ángel. Quería creer su historia, pero era demasiado descabellada. Fui hacia la puerta sin decir una palabra.

«José, yo te amo solo a ti, a nadie más. Siempre te amaré. No obstante, si quieres dejarme, lo entiendo. No quiero deshonrarte. Si tú no me crees, no puedo esperar que alguien de la iglesia o nuestras familias lo haga». Masculié algo acerca de tener que pensar en todo esto y que necesitaba dormir, y luego me fui. Conduje el largo camino a casa reviviendo en mi mente todo lo que María me había dicho. Lloré y me sentí sin esperanzas, desesperado, vacío, enojado. No podía imaginarme viéndola otra vez, y tampoco podía imaginarme sin verla nunca más. Cuando llegué a casa me fui a la cama, pero no me dormí hasta muy tarde.

Por lo general tengo el sueño muy pesado, y con lo agotado que estaba esa noche tendría que haber dormido profundamente. Sin embargo, en algún momento temprano esa mañana, me despertó una luz penetrante en mi habitación. Me llevó unos segundos espabilarme lo suficiente como para discernir la forma de un hombre sentado a los pies de mi cama. El brillo de unos doscientos watts no era todo. Además, parecía medir unos dos metros y medio, pero ni siquiera dejaba su marca en el colchón.

¡Qué sueño!, fue lo primero que pensé. Luego recordé lo que había sucedido esa noche. El estrés debía estar haciéndome delirar. Aunque mi autodiagnóstico fue hecho sin pronunciar una palabra, una voz proveniente de este ser retumbó en mi cabeza, respondiéndome. «No estás soñando, José, ni tampoco estás loco. Sé que has tenido una noche dura, una noche terrible, y es por eso que estoy aquí. Lo que María te dijo es verdad. Ella está llevando un bebé en su interior del cual no eres el padre biológico. Y aunque esto sea difícil de entender para ti, ella todavía te es fiel. Aún es virgen».

No entendí nada. Pero... ¿quién discutiría con una linterna de dos metros y medio?

«Continúen con sus planes de casarse», dijo el alien humanoide. Con el tiempo, sus familiares y amigos entenderán que esta es la decisión correcta. Llámalo Josué y críalo como si fuera tu hijo biológico».

Antes de que pudiera discutir con él, ya se había ido, dejándome con un remolino de emociones. ¡María todavía era virgen! ¡María había sido elegida por Dios! ¡Yo era el padre del Mesías! Pero... ¿qué diría la gente? Nadie creería lo que nos habían dicho a María y a mí. Y si me casara con María sin hacer mucho alboroto acerca del milagro de su embarazo, todos supondrían (yo lo haría también) que tuvimos relaciones sexuales antes de la boda.

Dejemos que piensen lo que quieran. No será fácil, pero me casaré con María y seré el padre de «José». Solo espero que sepas lo que estás haciendo, Señor.

FIN

UNA NIÑA CUENTA LA HISTORIA DE NAVIDAD

PERSONAJES
Padre (voz en off)
Sra. Estrada
Sarita

SARITA: *(Cantando un villancico tradicional mientras llaman a la puerta.)*

PADRE: Sarita… Sarita, ¿puedes atender la puerta?

SARITA: Lo haría papi… pero… ¿qué pasará si no es una persona amigable?

PADRE: Probablemente sea la Sra. Estrada. Dile que espere abajo hasta que termine con esta entrevista.

SARITA: *(Abre la puerta.)* Hola señora.

SEÑORA: *(Muy alegremente.)* ¡Bueno, bueno! ¡Hola! Tú debes ser la hijita del pastor… Soy la Sra. Estrada… de la iglesia. Tengo una entrevista con tu papá. ¿Puedo pasar?

SARITA: Él ya tiene una entrevista arriba. No creo que necesite otra.

SEÑORA: Creo que no me entiendes, querida… mira…

SARITA: En realidad, estoy segura de que no la necesita. Mi mamá siempre dice que papá tiene demasiadas entrevistas.

SEÑORA: *(Levemente divertida.)* No, querida, tú no entiendes. Quiero hablar con tu papi… porque mi hija desea casarse.

SARITA: Oh, señora, usted ha llegado muy tarde. Mi papá ya está casado. Se casó con mi mamá un par de años atrás.

SEÑORA: ¿Un par de años?

SARITA: Sí, señora. Creo que incluso fue antes de que yo naciera… ahora tengo cinco años.

SEÑORA: Sí, estoy segura de que fue así…

PADRE: Sarita, ¿es la Sra. Estrada?

SARITA: Sí, papá. Estoy tratando de decirle que no estás interesado en casarte…

PADRE: Sarita, solo hazla pasar. Estaré con ella en unos minutos.

SARITA: Bueno… lo haré contra mi voluntad, pero creo que tengo que hacer lo que mi papá dice. Entre. Mientras usted espera, yo la entretendré.

SEÑORA: Oh, no es necesario, querida.

SARITA: Oh, sí, señora. Es parte de mi función como la hija del pastor. Primero le contaré algo sobre mí. Mi nombre es Sarita y tengo cinco años… y soy una chica muy precaria.

SEÑORA: *(Suspirando profundo.)* Estoy comenzando a darme cuenta de eso. *(En voz alta.)* ¿Precaria?

SARITA: Sí. Eso significa que estoy más adelantada que otros niños de mi misma edad. Puedo cantar… puedo leer la Biblia yo sola.

SEÑORA: ¡Ah! Tú quieres decir "precoz"… ¿Puedes leer la Biblia? ¿Y solo tienes cinco años?

SARITA: ¿No está impresionada, señora? ¿Le gustaría escucharme leer algo?

SEÑORA: Bueno, yo…

SARITA: Ya sé. Como falta poco para Navidad, le leeré la historia de la Navidad. ¿Ha escuchado esa historia?

SEÑORA: Sí, un par de veces…

SARITA: Pero apuesto a que nunca la ha escuchado como yo la leo.

SEÑORA: Sí, creo que eso debe ser verdad…

SARITA: Bueno. Es así: Había una vez, hace mucho tiempo, un ángel que fue a ver a María y le dijo: "María, ¿te gustaría tener al niño Jesús?". María le contestó que quizás le gustaría algún día, después de casarse con José, pero que no sabía si le llamaría Jesús a su primer hijo. Sin embargo, el ángel le dijo que eso no era lo que tenía en mente. Él quería saber si podría tener al Hijo de Dios. Bueno, María no lo sabía. Dijo que tendría que pensarlo.

SEÑORA: Espera. ¿Estás segura de que la historia es así?

SARITA: Por supuesto. Usted no cree que ella aceptaría hacer algo así sin pensarlo primero, ¿no?

SEÑORA: Creo que nunca lo consideré de esa manera…

SARITA: Tiene que pensar en eso, señora… Como sea, María finalmente dijo que le parecía que estaría bien, siempre y cuando pudiera esperar hasta casarse con José. Querían esperar a tener suficiente dinero para criar a un bebé. Pero el ángel dijo: "De ninguna manera, María. ¿Nunca leíste tu Biblia? Porque en la Biblia dice que Jesús nació en el momento correcto, y ese momento correcto es ahora mismo". Así que María tuvo que decidirse rápidamente. Era uno de esos asuntos de "ahora o nunca". Usted los conoce, ¿no es cierto, señora?

SEÑORA: Bueno, sí. Pero no de esa forma… Así que… ¿María decidió tener al niño Jesús?

SARITA: Justo estaba por llegar a esa parte. María dijo que estaba todo bien si José también lo aceptaba. Usted puede imaginarse que a José no le iba a gustar nada todo este asunto… ¿se lo imagina?

SEÑORA: Nunca lo había pensado antes, pero sí… me lo puedo imaginar.

SARITA: Bueno, el ángel le dijo que si ella estaba realmente preocupada por eso, él podría aparecérsele a José en un sueño para contarle todo. Pero también le pidió si podía decidirse de una vez, porque él tenía que irse a hacer otras cosas para Dios. Entonces María dijo que estaba de acuerdo, que ella lo haría si el ángel le prometía que todo iba a salir bien. Sin embargo, ¿sabe lo que el ángel le contestó?

SEÑORA: No, no lo sé.

SARITA: El ángel le dijo que no sabía lo que iba a pasar, que solo sabía lo que Dios le había pedido que hiciera. Pero pensaba que si María hacía lo que Dios quería que hiciera, había muchas posibilidades de que las cosas al final salieran bien... Después citó Hebreos 11:1 y se marchó. Y así es como comienza todo. ¿Sabe lo que ocurrió después?

SEÑORA: Creía que lo sabía, pero ahora no estoy muy segura.

SARITA: Bueno, después María y José tuvieron que irse a Belén para pagar sus impuestos. Usted ya sabe, Dios tenía que llevarlos a Belén para que se hiciera verdad lo que había dicho Miqueas, que Jesús iba a nacer en Belén, y a Dios se le ocurrió que lo de los impuestos podía ser una buena idea... Mi papá fue a la Tierra Santa, ahí es donde está Belén, y dice que es un viaje muy duro incluso en un Jeep. Imagínese lo que debe haber sido hacerlo en un burro. Apuesto a que cuando llegaron a Belén, María estaba arrepentida de haberse metido en todo este asunto. Pero esa no es la clase de cosas en las que puedes volverte atrás, así que tuvo que seguir adelante. Para cuando llegaron a Belén, apuesto que ya no cantaba la misma canción.

SEÑORA: ¿Una canción? ¿Qué canción?

SARITA: Sobre cómo su alma magnifica al Señor. Probablemente para ese entonces cantaba si no le gustaría a otro tener todo ese honor y dejarla a ella ser una simple ama de casa, que era todo lo que siempre había querido ser. Usted sabe, en algún sentido hubiera sido lindo si Dios hubiera podido esperar hasta hoy y dejar a alguna mujer feminista tener al niño Jesús. Sin embargo, Dios no hace las cosas así, él quería que María lo tuviera. De modo que llegaron a Belén, pero todos los hoteles estaban llenos, pues José no había llamado para hacer la reservación. ¿Sabe qué pasó luego?

SEÑORA: ¿Tuvieron que quedarse en un establo?

SARITA: Muy bien, señora. Tuvieron que quedarse en un establo, porque no había habitación para ellos en el Holiday Inn. Bueno, un ángel los estaba mirando desde el cielo y... ¿sabe lo que hizo? Le dijo a Dios que no le parecía justo que les hiciera todo tan difícil y se ofreció a bajar con una brigada de ángeles para limpiar el establo de modo que luciera mejor, dado que iba a ser el primer lugar que el niño Jesús iba a ver en la tierra. Y si estaba muy sucio, podría cambiar de opinión y decidir no vivir aquí con nosotros. Bueno, Dios dijo que eso sería una vergüenza, porque el mundo estaba contando con Jesús. Y además no dejó que los ángeles bajaran para acomodar el lugar, asegurándoles que ya se había ocupado de ese asunto.

SEÑORA: ¡Oh! ¿Y qué iba a hacer?

SARITA: Haría que el niño Jesús fuera como cualquier otro bebé humano y así no se daría cuenta de si había nacido en un establo, una casa o un palacio. Los ángeles le dijeron que creían que eso estaba bien, que no lo habían pensado de esa forma. Esto explica por qué Dios es Dios: porque tuvo una mejor idea… Luego ocurrió la parte más emocionante.

SEÑORA: ¿Y cuál es esa parte?

SARITA: Es cuando los ángeles comenzaron a cantar "Gloria a Dios en las alturas". Los pastores los escucharon y comenzaron a cantar: "Navidad, Navidad, hoy es Navidad, es un día de alegría y felicidad…". Después los…

SEÑORA: Espera un minuto, creo que estás mezclando las cosas…

SARITA: Solo estoy dándoles un poco de colorido, eso es todo. Podría haber sucedido así. De todas formas, el pequeño baterista lo escuchó y comenzó a tocar su batería. Y ese fue el primer concierto de Navidad. Toda la gente fue al establo y… ¡oh señora, todo resultaba tan emocionante! *(crece la excitación, transformándose en un temor reverencial)*. Vieron al niño Jesús… y supieron que era el Hijo de Dios… y ellos… Señora, ¿puede imaginarse cómo fue? ¡El Hijo de Dios en la tierra! Ahora Dios sabría lo que es ser un hombre… porque esa era la única forma de que alguna vez pudiera salvar a la gente de sus pecados. ¡Oh, señora, debe haber sido maravilloso!

SEÑORA: *(Muy emocionada también.)* ¡Sí! ¡Debe haber sido maravil-

loso!

SARITA: Creo que debe haber sido casi tan maravilloso como lo es hoy.

SEÑORA: Mmmm… ¿Como lo es hoy?

SARITA: Sí, como lo es descubrir hoy que Dios ha venido a la tierra.

SEÑORA: *(Ligeramente desconcertada.)* ¿Descubrir que Dios vino…? *(entendiendo de pronto)* ¡Oh, sí! Creo que fue casi tan emocionante como eso. ¡Y eso es sumamente emocionante!

SARITA: Sí, señora. ¡Esa es la verdad! No se me ocurre nada más emocio…

PADRE: Adiós, Sr. Acosta. Espero haberlo ayudado… *(En voz alta.)* Sra. Estrada, pase por favor.

SEÑORA: Sí, pastor, voy en un momento… Sarita, gracias por la historia.

SARITA: ¡Oh, de nada señora! Cuando quiera puedo contarle otra *(vuelve a cantar el villancico que cantaba al comienzo)*.

FIN

LA HISTORIA DE MARÍA

PERSONAJES

María	Elisabet
José	Doctor
Padre	Psiquiatra
Madre	Rabino
Carpinteros 1 y 2	Padres de José
Maestros 1 y 2	Amigas de María 1 y 2
Vecinas 1 y 2	

ESCENA 1

Las chicas están sentadas alrededor de una mesa, conversando sobre el próximo baile.

Chica 1: ¿Qué te vas a poner?

María: No sé si voy a ir.

Chica 2: Todos van, será un lindo baile.

María: Ni siquiera sé bailar. De todos modos, no sabría cómo acercarme a un chico para pedirle una cita.

Chica 1: Bueno, esta es tu oportunidad de intentarlo.

Chica 2: ¿Qué pasó con ese chico que les gusta a tus padres? ¿Todavía quieren que te cases con él cuando termines la escuela?

Chica 1: Escuché que tiene su propio negocio y un buen auto.

Chica 2: El chico con el que yo voy tiene un auto deportivo fantástico.

ESCENA 2

María está arrodillada al lado de su cama.

María: *(Esto puede ser improvisado.)* ¿Por qué a mí? ¿Qué les diré a mi mamá y mi papá?... ¿Qué pensarán mis amigos?... Nunca me creerán...

ESCENA 3

En la sala de estar. Los padres de María se encuentran sentados en el sofá.

Madre: Bueno, le pregunté si tenía algún problema, pero no pude sacarle mucha información. Dice que tiene mucha presión en la escuela, que su maestro le ha dado una tarea muy grande.

Padre: Pues esa no se parece en nada a nuestra pequeña niña. Ella por lo general no deja que algo como eso la moleste tanto. He escuchado que hay muchos problemas de drogas en su escuela. Estoy seguro de que nuestra hija fue criada lo suficiente bien

como para no caer en algo como eso, pero tal cosa no significa que la presión no pueda estar lastimándola. Quizás podría hablar con ella.

Madre: Bueno, creo que estaría bien, pero ten cuidado de no herirla aun más. Ha estado terriblemente susceptible en los últimos tiempos.

ESCENA 4

Dos chicas están hablando por teléfono.

Chica 1: Estoy preocupada por ella. Ha estado muy rara últimamente, llora todo el tiempo por cosas tontas...

Chica 2: Sí, me he dado cuenta.

Chica 1: ¿Te percataste también de que está un poco más gorda?

Chica 2: Sí, quizás sea por todo ese brócoli que ha estado comiendo.

Chica 1: No saldrá con nosotras, ni siquiera fue al baile al que todas fuimos. Dice que está muy cansada.

Chica 2: Ha estado con gripe varias veces en las últimas semanas. Quizás pueda llamarla y preguntarle cómo se siente.

ESCENA 5

En el salón de profesores de la escuela.

Maestro 1: Ha estado actuando diferente últimamente.

Maestro 2: Sus notas han bajado y está faltando mucho a clases.

Maestro 1: Parece solitaria, no se reúne más

con su grupo de amigas.

Maestro 2: También veo que ha subido de peso y usa ropa más suelta.

Maestro 1: Tengo clases con ella a primera hora y me ha pedido ir a la enfermería muchas veces. ¿Crees que esté en problemas? Es una chica tan buena...

ESCENA 6

Dos vecinas están hablando a través de la cerca del patio trasero.

Vecina 1: ¡Estoy segura de que lo está! Y con esos padres maravillosos, que se han esforzado tanto en criarla bien.

Vecina 2: Creo que sé quién es el padre... ese chico más grande que su padre conoce. Es el único que he visto en la casa.

Vecina 1: Nunca se sabe, ¿has visto? Ella no parecía ser ese tipo de chica... tan educada y respetuosa.

Vecina 2: Y va a la sinagoga todas las semanas. ¿A dónde irá a parar el mundo?

ESCENA 7

Dos carpinteros están aserrando tablas de madera.

Carpintero 1: Pobre chico... ¡qué mal!

Carpintero 2: Tiene que estar loco para casarse con ella.

Carpintero 1: No me gustaría estar en su lugar.

Carpintero 2: ¡Silencio! Ahí viene.

ESCENA 8

En la sala de estar. mamá y papá están hablando con María y José cuando entran tres hombres.

Madre: ¿Qué hice mal? *(Suena el timbre de la puerta, el padre se levanta para atender y entran el doctor, el psiquiatra y el rabino.)*

Padre: Caballeros, hemos descubierto que nuestra hija está embarazada y no sabemos qué hacer, necesitamos sus opiniones expertas. No queremos que su vida y su futuro se arruinen.

Doctor: Como médico, la única opción que yo veo para una chica de su edad es terminar con el embarazo. Si eligen abortar, tendremos que actuar rápidamente. Luego, nadie más se enterará de todo esto.

Psiquiatra: Desde el punto de vista de un psiquiatra su estabilidad emocional probablemente soportará un aborto mejor que una adopción. Si escogen que tenga al bebé, ella querrá quedarse con él y creo que sería un gran error.

Rabino: Deben casarse. Sé que son jóvenes, pero con oración el matrimonio puede funcionar.

Padre: *(Dirigiéndose a José.)* Tú la metiste en esto, ¿qué tienes que decir?

María: Voy a tener a mi bebé y me voy a quedar con él. Con la ayuda del Señor podré hacerlo.

José: Yo pensé en la posibilidad de terminar con ella, pero he orado con respecto a esta situación y ahora sé que la voluntad de Dios es que nos casemos. Haré todo lo que esté a mi alcance a fin de ser un buen padre para el bebé.

ESCENA 9

En la sala de estar. María y Elisabet están conversando.

María: Él se pregunta si nuestro matrimonio funcionará. Yo quiero que funcione.

Elisabet: Él es una persona tranquila, que ama su trabajo. Estoy segura de que está preocupado por todos los chismes que me has contado.

María: Sí, siento que están afectando nuestra relación. Él es tan racional que no puede entender cómo quedé embarazada. Nadie le cree cuando asegura que no es el padre.

Elisabet: Entiendo por lo que estás pasando, pero sabemos que todo valdrá la pena. Cuando el bebé nazca, todo estará bien, ya verás.

María: Tú eres solo mi prima, pero te considero como una hermana.

ESCENA 10

María y José se encuentran en privado.

María: Estoy muy asustada por el viaje que harás. El doctor dice que el bebé puede nacer en cualquier momento.

José: ¡Sí, lo sé, pero tengo que ir! La única solución es que vengas conmigo.

María: Bueno, prefiero estar contigo cuando llegue la hora. Tú sabes, estoy muy emocionada con el bebé, Dios me ha dado la paz de saber que hemos hecho lo correcto.

José: Yo también siento lo mismo ahora. Tenemos una gran tarea por delante. Antes que todo debemos estar seguros de que estamos completamente dedicados a Dios para poder guiar a nuestro pequeño hijo.

ESCENA 11

María y José están con el bebé. El doctor, el psiquiatra y el rabino entran trayendo regalos para el niño. Se arrodillan y lo adoran.

Doctor: *(Dirigiéndose a María y José.)* Perdónennos por nuestros prejuicios. Estamos aquí para darles nuestro amor a ustedes y su hijo.

Psiquiatra: A través de la oración pudimos entender su situación.

Rabino: María, ¿cómo se llamará el niño?

María: Su nombre es... Jesús.

FIN

LA HISTORIA DE LA NAVIDAD POR TELEVISIÓN

LOCUTOR: Quédese en VBS Noticias con Elías Abner, quien tiene la última información sobre un extraño avistamiento en el cielo; también tenemos a Martha Grinberg desde el centro de Belén, donde hay una gran multitud debido a la inscripción tributaria y al Dr. Rubén Hadad con el reporte de un frente frío que se está acercando. Estas son las noticias en VBS.

COMERCIAL: Impuestos, impuestos, impuestos. A nadie le gusta pagar impuestos, especialmente cuando H&R puede ayudarlo a pagar la menor cantidad de impuestos posible. H&R es el único servicio consultor de impuestos autorizado por el gobierno de Roma y cada uno de nuestros agentes tiene una vasta experiencia en recaudación. Sí, usted puede confiar en H&R.

LOCUTOR: VBS y las noticias de la noche con Elías Abner en Jerusalén, Martha Grinberg en Belén y el Dr. Rubén Hadad en el Monte Ararat. Ahora con ustedes… Elías Abner.

ELÍAS ABNER: Buenas noches. Ha habido nuevos avances con respecto a la extraña luz que ha sido avistada en el cielo al oriente durante las últimas noches. Ahora el reporte de nuestro corresponsal Moisés Mahir…

MOISÉS MAHIR: Durante las últimas noches una luz brillante o un fenómeno parecido a una estrella ha estado apareciendo en el cielo. Al principio se pensó que era un meteoro o una ilusión óptica, pero esta noche el Dr. Ismael Streisand confirmó que lo que todos estamos viendo es, en realidad, una estrella. La pregunta es de dónde viene esta estrella y qué significa. Personas entendidas especulan que la estrella no es un incidente aislado y que pueden esperarse más acontecimientos extraños. El gobierno está monitoreando la situación muy de cerca y fuentes confiables le han informado a VBS que otros incidentes similares no se han hecho públicos. Soy Moisés Mahir para VBS Noticias desde Jerusalén.

ELÍAS ABNER: VBS Noticias tiene información sobre un hecho que ocurrió cerca de Belén, así que ahora vamos con nuestra cámara en vivo hasta las colinas de Belén. David Saul reporta.

DAVID SAUL: Elías, aproximadamente hace diez minutos un grupo de pastores me comentó que vieron una especie de ángel acompañado con música y luces brillantes. Normalmente, las historias de los pastores no se tienen en cuenta, porque ellos son una raza bastante extraña… y tienden a tomar demasiado… pero los oficiales gubernamentales de aquí parecen estar bastante preocupados por todo esto. De acuerdo con lo que pude conversar con los pastores, aparentemente ellos piensan que esto tiene que ver con el Mesías prometido años atrás. La mención del Mesías parece ser lo que ha preocupado a los oficiales del gobierno. Desde las colinas de Belén, este ha sido David Saúl para VBS.

ELÍAS ABNER: El mes pasado César Augusto emitió un decreto requiriéndole a todos los ciudadanos volver a sus ciudades natales a fin de cumplir con una inscripción precisa para tributar impuestos. Martha Grinberg está en Belén con esta historia.

MARTHA GRINBERG: Estoy parada aquí en la Posada Sin Lugar en las afueras de Belén. Miles de personas están llegando a la ciudad ahora y todos los hoteles, posadas, albergues y demás establecimientos destinados al hospedaje se encuentran repletos. Justamente hace unos minutos una mujer embarazada, a punto de dar a luz, casi se va desahuciada. Finalmente, luego de las protestas de su esposo, los autorizaron a quedarse con los animales. Acabamos de hablar con el gerente de la Asociación de Hoteles de Belén, quien nos informa que nadie que esté viniendo hacia aquí espere encontrar lugar en el pueblo. El director del gobierno romano aquí en Belén está muy preocupado por controlar a esta multitud. Hasta ahora, no han ocurrido incidentes mayores. La pregunta es: ¿cuánto tiempo podrá continuar esta inquieta calma? Soy Martha Grinberg en la Posada Sin Lugar de Belén.

ELÍAS ABNER: Un grupo de astrólogos muy respetados ha comenzado un viaje muy significativo. Nuestro corresponsal Samuel Salomón nos brinda un reporte desde Pekín.

SAMUEL SALOMÓN: Elías, una gran cantidad de astrólogos ricos está viajando hacia Israel para observar una luz misteriosa. Aparentemente es la misma luz extraña que se ha visto sobre Israel durante las últimas semanas. Fuentes confiables nos han dicho que estos hombres creen que hay alguna relación entre la luz y el Mesías. Aunque no ha habido un reconocimiento oficial por parte del gobierno romano, se cree que cuando los astrólogos lleguen a territorio romano serán convocados por oficiales gubernamentales. Los reporteros de aquí, Elías, están confundidos debido a esta súbita preocupación de los oficiales romanos por el Mesías prometido. Tendremos que esperar y ver. Soy Samuel Salomón desde China.

COMERCIAL: VBS Noticias continuará después de estos comerciales. Señoras, ahora es el momento de encargar sus capas y túnicas con capucha. La Buena Capucha tiene una increíble colección. Estas capas y túnicas con capucha están realizadas con una sola pieza de género de altísima calidad, que no se arruina con el roce de los cántaros de agua en la cabeza. La Buena Capucha también le ofrece hermosos trajes de baño de piel de oveja. Esperamos su visita.

ELÍAS ABNER: Eric Rosen ha estado observando con interés la creciente especulación sobre la venida de un Mesías, adelante Eric.

ERIC ROSEN: La razón por la cual hay tanta preocupación en cuanto a un Mesías, por supuesto, es la noción popular de los judíos acerca de que el tal Mesías se convertirá en una fuerza política y derrocará a los romanos. Esta es una esperanza que los judíos han tenido por años y hemos visto a potenciales "mesías" ir y venir. Tenemos el presentimiento de que la extraña luz en el oriente es nada más que un fenómeno pasajero al que aquellos que son demasiado religiosos y místicos se han aferrado o, peor aún, lo han usado para organizar un movimiento revolucionario. He investigado este tema de un Mesías y no puedo asegurar que si este Salvador apareciera sería un líder político. Estoy seguro de que recibiré un montón de cartas sobre el asunto, pero creo que sería mucho más beneficioso si los que están esperando al Mesías tan ansiosamente comenzaran a vivir como si creyeran en el Dios que dicen que creen. Pienso que siempre es más fácil y menos amenazante esperar por el futuro que vivir como en el futuro ahora mismo. Eric Rosen… VBS Noticias.

ELÍAS ABNER: Jerusalén ha sido el hogar de las Olimpíadas Nacionales Abiertas de Lanzamiento de Lanza. Jeremías Barjonas nos brinda el reporte.

JEREMÍAS BARJONAS: Viniendo de grandes victorias, dos hebreos se enfrentarán en las finales que tendrán lugar el próximo viernes. Las entradas para la competencia del viernes entre Felipe de Cesarea y Simón de Betania ya están agotadas. Hay cierta preocupación porque Felipe de Cesarea podría llegar a tener complicaciones para mantener sus pies dentro de los límites especificados. Se negó a realizar declaraciones sobre las dos advertencias que recibió hoy. De todas formas, fuentes cercanas a Felipe confirman que estará utilizando una nueva marca importada de sandalias para darle mayor agarre. Sin dudas será una gran competencia. En cuanto a las carreras de carrozas, hoy Jonás Gornic escapó de serias lesiones cuando su vehículo se volcó en la curva noroeste del hipódromo. Esta curva es considerada una de las más peligrosas del circuito. A pesar del contratiempo, Jonás continuó y ganó la carrera principal.

ELÍAS ABNER: El Dr. Rubén Hadad ha estado esperando el Monte Ararat para brindarnos el reporte del tiempo, pero recién hemos recibido un boletín informativo desde Belén. Martha Grinberg está allí.

MARTHA GRINBERG: Elías, como ya sabes por mi reporte anterior, estoy en la Posada Sin Lugar aquí en Belén. Justo cuando nos preparábamos para partir,

141

nos dijeron que había mucha conmoción en el fondo de la posada. Fuimos allí y encontramos a una jovencita que recién había dado a luz a un bebé en medio de donde guardan los animales. En otro momento hubiéramos ignorado la historia, pero Elías, algo extraño está ocurriendo aquí. Una enorme multitud se está reuniendo y muchos pastores y otras personas al parecer adoran al bebé. No pudimos obtener ningún comentario de ellos, pero hay otra cosa más. La extraña luz en el cielo parece ser más brillante ahora y está casi directamente encima de nosotros. Soy Martha Grinberg, desde un establo en Belén.

ELÍAS ABNER: Y así están las cosas. Soy Elías Abner para la VBS Noticias. Buenas noches.

FIN

¿DE QUIÉN ES ESTE CUMPLEAÑOS?

PERSONAJES:
Mamá
Papá
Manuel (hijo)
Sofía (hija)

El escenario es una sala de estar típica con una decoración navideña en el momento de abrir los regalos.

SOFÍA: *(Habla quejándose.)* ¡Ningún regalo de cumpleaños de nuevo! ¿Por qué tuve que nacer el día de Navidad? ¿Sabían que nadie jamás se acuerda de mi cumpleaños?

MANUEL: Teniendo en cuenta la época del año, ¿quién va a recordar un simple cumpleaños?

SOFÍA: *(Quejándose aun más.)* Tú recibes regalos de cumpleaños todos los años y también mamá y papá. Sin embargo, todo lo que yo siempre recibo es una combinación de regalos de cumpleaños y Navidad. ¡No es justo!

(Entran mamá y papá)

PAPÁ: ¡Feliz Navidad, Sofía! ¡Feliz Navidad, Manuel!

MANUEL: ¡Feliz Navidad, papá y mamá!

SOFÍA: También es mi cumpleaños, no sé si lo recuerdan...

MAMÁ: Lo sabemos querida. ¡Feliz Navidad!

PAPÁ: ¡Bueno, vamos todos a abrir los regalos!

MAMÁ: ¡Me pregunto qué me traerá Santa Claus este año!

MANUEL: ¡Toma, papá! (Le alcanza un regalo.) ¡Abre este!

(Deja que los personajes improvisen sus partes mientras abren los regalos con mucho entusiasmo, excepto Sofía, que cada vez se enoja más porque su cumpleaños es ignorado. Finalmente, Sofía rompe en llanto y se va de la habitación. Los demás se quedan sorprendidos y disgustados, ya que Sofía ha hecho un escándalo por algo que no tiene importancia.)

MANUEL: ¡Me pregunto qué rayos le pasa! ¡Qué aguafiestas!

¿Cómo te preparas para el Día de los Inocentes, el Día de la Madre, el Día del Padre y las graduaciones de los jóvenes de tu grupo? Tranquilo, tienes todo cubierto. A continuación encontrarás algunas de las mejores ideas para estos festejos.

DÍA DE LOS INOCENTES

JUEGO

Día de los inocentes

A medida que los jóvenes ingresan al salón, entrégales un portador de insignias transparente que contenga la tarjeta que te mostramos a continuación.

No des instrucciones, simplemente entrégaselas. Durante el tiempo delimitado, cada joven que le hace una broma a otro toma las insignias que tenga el perdedor.

[ver hoja de actividades pag. 148]

—Jay Firebaugh

Colócate esta insignia donde todos puedan verla con facilidad. Tu tarea es hacerles una broma por el Día de los Inocentes a tantas personas como puedas. (Dile a alguien que tiene la cremallera del pantalón baja, que una persona lo llama, que su calzado está desatado, etc.) Los jugadores que caigan en la broma (miren hacia abajo, se den vuelta, etc.) deben darte todas las insignias que tengan. LUEGO QUE PIERDES TUS INSIGNIAS, NO PUEDES SEGUIR JUGANDO. El que tenga más insignias gana.

Colócate esta insignia donde todos puedan verla con facilidad. Tu tarea es hacerles una broma por el Día de los Inocentes a tantas personas como puedas. (Dile a alguien que tiene la cremallera del pantalón baja, que una persona lo llama, que su calzado está desatado, etc.) Los jugadores que caigan en la broma (miren hacia abajo, se den vuelta, etc.) deben darte todas las insignias que tengan. LUEGO QUE PIERDES TUS INSIGNIAS, NO PUEDES SEGUIR JUGANDO. El que tenga más insignias gana.

Colócate esta insignia donde todos puedan verla con facilidad. Tu tarea es hacerles una broma por el Día de los Inocentes a tantas personas como puedas. (Dile a alguien que tiene la cremallera del pantalón baja, que una persona lo llama, que su calzado está desatado, etc.) Los jugadores que caigan en la broma (miren hacia abajo, se den vuelta, etc.) deben darte todas las insignias que tengan. LUEGO QUE PIERDES TUS INSIGNIAS, NO PUEDES SEGUIR JUGANDO. El que tenga más insignias gana.

Colócate esta insignia donde todos puedan verla con facilidad. Tu tarea es hacerles una broma por el Día de los Inocentes a tantas personas como puedas. (Dile a alguien que tiene la cremallera del pantalón baja, que una persona lo llama, que su calzado está desatado, etc.) Los jugadores que caigan en la broma (miren hacia abajo, se den vuelta, etc.) deben darte todas las insignias que tengan. LUEGO QUE PIERDES TUS INSIGNIAS, NO PUEDES SEGUIR JUGANDO. El que tenga más insignias gana.

Colócate esta insignia donde todos puedan verla con facilidad. Tu tarea es hacerles una broma por el Día de los Inocentes a tantas personas como puedas. (Dile a alguien que tiene la cremallera del pantalón baja, que una persona lo llama, que su calzado está desatado, etc.) Los jugadores que caigan en la broma (miren hacia abajo, se den vuelta, etc.) deben darte todas las insignias que tengan. LUEGO QUE PIERDES TUS INSIGNIAS, NO PUEDES SEGUIR JUGANDO. El que tenga más insignias gana.

Colócate esta insignia donde todos puedan verla con facilidad. Tu tarea es hacerles una broma por el Día de los Inocentes a tantas personas como puedas. (Dile a alguien que tiene la cremallera del pantalón baja, que una persona lo llama, que su calzado está desatado, etc.) Los jugadores que caigan en la broma (miren hacia abajo, se den vuelta, etc.) deben darte todas las insignias que tengan. LUEGO QUE PIERDES TUS INSIGNIAS, NO PUEDES SEGUIR JUGANDO. El que tenga más insignias gana.

Colócate esta insignia donde todos puedan verla con facilidad. Tu tarea es hacerles una broma por el Día de los Inocentes a tantas personas como puedas. (Dile a alguien que tiene la cremallera del pantalón baja, que una persona lo llama, que su calzado está desatado, etc.) Los jugadores que caigan en la broma (miren hacia abajo, se den vuelta, etc.) deben darte todas las insignias que tengan. LUEGO QUE PIERDES TUS INSIGNIAS, NO PUEDES SEGUIR JUGANDO. El que tenga más insignias gana.

Colócate esta insignia donde todos puedan verla con facilidad. Tu tarea es hacerles una broma por el Día de los Inocentes a tantas personas como puedas. (Dile a alguien que tiene la cremallera del pantalón baja, que una persona lo llama, que su calzado está desatado, etc.) Los jugadores que caigan en la broma (miren hacia abajo, se den vuelta, etc.) deben darte todas las insignias que tengan. LUEGO QUE PIERDES TUS INSIGNIAS, NO PUEDES SEGUIR JUGANDO. El que tenga más insignias gana.

Colócate esta insignia donde todos puedan verla con facilidad. Tu tarea es hacerles una broma por el Día de los Inocentes a tantas personas como puedas. (Dile a alguien que tiene la cremallera del pantalón baja, que una persona lo llama, que su calzado está desatado, etc.) Los jugadores que caigan en la broma (miren hacia abajo, se den vuelta, etc.) deben darte todas las insignias que tengan. LUEGO QUE PIERDES TUS INSIGNIAS, NO PUEDES SEGUIR JUGANDO. El que tenga más insignias gana.

Colócate esta insignia donde todos puedan verla con facilidad. Tu tarea es hacerles una broma por el Día de los Inocentes a tantas personas como puedas. (Dile a alguien que tiene la cremallera del pantalón baja, que una persona lo llama, que su calzado está desatado, etc.) Los jugadores que caigan en la broma (miren hacia abajo, se den vuelta, etc.) deben darte todas las insignias que tengan. LUEGO QUE PIERDES TUS INSIGNIAS, NO PUEDES SEGUIR JUGANDO. El que tenga más insignias gana.

DÍA DE LA MADRE

imagen: Diseñado por Freepik.es

FIESTA

La noche de mamá

Celebra una noche de las mamás invitando a todas las madres de los chicos del grupo a participar en un programa especial para ellas. (Para aquellos jóvenes que vienen sin sus mamás, ten listas algunas «madres sustitutas» de la congregación.)

» A medida que llegan los chicos, entrégales tarjetas de cartón o cartulina y pídeles que pongan nombres coordinados o de parejas famosas para ellos y sus madres. Mientras más creativos, mejor.

» A continuación, realiza un juego de palabras. En tres minutos cada equipo de madre-hijo tiene que escribir la mayor cantidad de palabras que se les ocurra con las letras que hay en la frase «Feliz Día de la Madre» (por ejemplo: dar, mar, rema, fea, etc.).

» Para un poco más de acción, prueben el antiguo juego del globo atado al tobillo. Cada uno debe intentar hacer explotar los globos de los otros y al mismo tiempo cuidar de que no revienten su globo. Dale un giro maternal y agrega la condición de que cada chico debe cuidar que no revienten el globo de su madre. Si lo revientan, los dos quedan eliminados. ¡Si revientan el globo del hijo primero, la madre deberá defenderse sola de incontables peligros!

» Presenta una obra teatral satírica improvisada que incluya a madres e hijos.

» Por último, el toque final es un juego divertido que ayuda a los jóvenes y sus madres a saber qué tan bien se conocen el uno al otro, y el público realmente lo disfruta también. Aquí te damos algunas preguntas de ejemplo. Una vez más, sé sensible a las historias particulares y adapta las preguntas que sean necesarias.

Ejemplos de preguntas para las madres:

1. ¿Quién es el mejor amigo de tu hijo?
2. ¿Cuál fue la última película que vieron juntos en el cine?
3. A veces se te escucha decir: «Tu cuarto parece un _____».
4. ¿Cuál fue el mejor regalo por el Día de la Madre que te hizo tu hijo?

Ejemplos de preguntas para los hijos:

1. ¿Cuál es el apellido de tu mamá?
2. ¿Cuál es tu posesión más preciada?
3. Si tuvieras que mencionar una comida que se parezca a tu madre, ¿cuál sería?
4. ¿Cuántas veces durante la semana pasada tu madre te dijo que ordenaras tu cuarto?
    (a) Ni siquiera una.
    (b) Una o dos veces.
    (c) Diariamente.
    (d) Nunca deja de decírmelo.

—Kenneth Lane

DÍA DEL PADRE

imagen: Diseñado por Freepik.es

EVENTO

Diversión en el Día del Padre

Aquí te proponemos algunas ideas para una actividad el Día del Padre o un programa entre padres e hijos en cualquier momento del año.

La corbata. Los expertos de la moda dicen que el largo de la corbata debe llegar hasta la mitad de la hebilla del cinturón. De todas formas, todos sabemos lo difícil que es lograr que una corbata quede anudada como queremos. Elige a algunos padres e hijos del público y entrégale a cada uno una corbata (si es que no tienen una puesta). Dales una (solo una) oportunidad de atar la corbata alrededor del cuello del otro con el tipo de nudo que deseen. La persona cuyo largo de la corbata llegue más cerca de la hebilla del pantalón, será la ganadora. Entrégales premios a las diferentes categorías.

¿Me das las llaves del auto, por favor? Divide al grupo en equipos de cuatro o cinco personas y dale a cada equipo cinco minutos para inventar respuestas rápidas y ocurrentes a la pregunta: «¿Me prestas las llaves del auto, papá?». Haz que cada equipo lea sus mejores respuestas. Entrégales premios al equipo con la mayor cantidad de respuestas y al que tuvo las ideas más creativas.

Papá Ingalls. Reúne a algunos de los que mejor cuentan anécdotas (padres y también hijos) para que preparen historias de cinco minutos sobre lecciones que han aprendido de sus padres o acerca de conmovedores recuerdos que guarden de ellos. Intercala estas historias a lo largo de la actividad.

—David M. Shaw

IDEAS PARA GRADUACIONES

Las profecías de los profetas barbudos

Además de todo lo que planifiques para honrar a tus graduados, entrégales sus propias «Profecías de los pastores barbudos» (si alguno de los pastores de la iglesia tiene barba, será mucho mejor). Se trata de una especie de diploma, escrito con linda caligrafía, en el cual «profetizas» con muy buen humor cosas que le ocurrirán en el futuro al joven graduado de acuerdo a su idiosincrasia o sus rasgos característicos.

—Greg Fiebig

Trivia natal

En tu próximo festejo de graduación, presenta a los graduados con un juego de preguntas y respuestas relacionado con el año de su nacimiento y los temas de interés de cada uno de ellos. Por ejemplo, a un chico con una fuerte inclinación musical, preséntalo con segmentos de los diez temas que más sonaban el año de su nacimiento. A otro muy interesado en el fútbol, preséntalo ofreciendo datos sobre las estrellas que ese deporte tenía en el momento en que nació.

Encuentra información en la Internet y si quieres personalizarlo aun más, busca algunos hechos sobresalientes que ocurrieron el día y el mes del nacimiento de cada joven.

—Len Cuthbert

imagen: Diseñado por Freepik.es

Graduados bendecidos

Cada vez que un joven se gradúa y deja el grupo, a los demás chicos se les hace difícil despedirlo, pero al mismo tiempo desean contarles a todos lo que están sintiendo. Dales la oportunidad de hacerlo planificando una actividad donde puedan homenajear y bendecir a los que se van.

Invita a los graduados por teléfono o a través de una invitación escrita a participar en una reunión especial en su honor (puede llevarse a cabo el último sábado que concurrirán).

Cuando llegue el día, hazlos pasar al frente uno a la vez e invita al resto del grupo a decir lo que más le gusta de cada uno de ellos.

Luego pídeles a los chicos que los bendigan con cosas que desean que les ocurran a los graduados en el futuro. Hazlo en orden, según su fecha de nacimiento. A medida que expresen sus bendiciones, escríbelas en una tarjeta gigante que luego le entregarán al graduado como un recuerdo.

Algunas bendiciones que he escuchado en actividades similares han sido:

> » «Espero que la gente sea tan buena contigo como tú lo has sido conmigo».
> » «Espero que siempre puedas ver a Dios claramente, sin importar cuán tenebrosas se pongan las cosas».
> » «Oro que construyas un matrimonio que los fortalezca tanto a ti como a tu esposa».
> » «Espero que tengas un trabajo espectacular».

Luego de que todos los graduados hayan recibido sus bendiciones, invítalos a que le digan lo que deseen al grupo. Para algunos, este es un momento muy conmovedor y no pueden decir nada. Otros comentan cosas como:

> » «Gracias por las bendiciones».
> » «Realmente valoro mucho a este grupo, porque me ha mostrado que Dios es real y hace que el mundo sea hermoso».
> » «Los voy a extrañar».
> » «Estoy feliz, porque sé que siempre seré bienvenido aquí».

—Karen Docrey

Entrevista loca a los graduados

Esta es una buena idea para despedir a tus graduados. Graba sus respuestas a varias preguntas que tengan que ver con la escuela, el grupo de jóvenes, sus revistas favoritas, programas de televisión, maestros, músicos, etc.

Luego edita partes de estas respuestas para crear una entrevista sumamente divertida y descabellada. Crea diferentes historias sobre las supuestas experiencias de cada uno de los graduados (tienen citas con una superestrella de rock, roban información crucial de una nave espacial, aconsejan al presidente del país, etc.).

Haz después que el grupo las escuche. Con esfuerzo y creatividad, esta idea puede resultar genial. Además, la entrevista queda como un hermoso recuerdo para cada uno de los graduados.

—David Lavin

Galería de graduados

Un mes antes de que los graduados dejen el grupo, pídeles que traigan objetos que los representen a ellos, su escuela, sus actividades y logros (trofeos, fotografías, certificados, medallas, programas de conciertos y obras teatrales en las que participaron, etc.).

Prepara una exhibición individual para cada uno, cuidando todos los detalles y escribiendo el nombre del graduado con letras bien grandes y visibles.

El día de la última reunión de jóvenes, muéstralas en el salón.

—Tom Lyte

Tapetes individuales con los graduados

Si en tu iglesia suelen realizar un banquete de despedida para los graduados, una buena idea es realizar los tapetes individuales de las mesas con fotos de los homenajeados, sus nombres, la fecha de la actividad, frases de buenos deseos y bendiciones para ellos, y todo lo que se te ocurra. Haz tantas copias como comensales asistan y no olvides impermeabilizarlos con plástico adhesivo transparente (contact).

—Mike Duggan

Graduados en la mira

Algunas semanas antes de que los graduados dejen definitivamente el grupo, haz un trabajo de inteligencia y recaba toda la información «sucia» acerca de cada uno de ellos hablando con sus padres, hermanos, hermanas, otros parientes, maestros, viejos amigos, chicos del grupo, etc. Reúne fotografías y películas moderadamente embarazosas, siempre cuidando de no herir susceptibilidades.

El día de la despedida, primero hazlos pasar, exprésales palabras de aliento y reconocimiento por lo que han hecho durante su paso por el grupo, y elogia sus virtudes. Regálales una Biblia o un libro con lecturas devocionales y ora por ellos.

Luego, mientras estén disfrutando de algo para comer, en el momento más distendido de la actividad, uno por uno irán pasando y se sentarán de cara al grupo para enfrentarse con los «informes» que les hayan preparado. ¡La diversión será interminable! Hazles regalos chistosos relacionados con algunas de las anécdotas relatadas.

Es importante que todos sepan que solo se les hace este tipo de bromas a las personas que uno ama y respeta profundamente.

—Vermon Edington

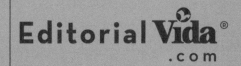